ein Ullstein Buch

ÜBER DAS BUCH:

Im Januar 1924 läuft das Vollschiff »Greif« von Geestemünde zu seiner letzten Weltumsegelung aus, und an Bord ist auch der 17jährige Brustat-Naval. Die »Greif« ist ein als Schulschiff fahrender Windjammer, 1892 aus Stahl gebaut, 85,70m lang, 12,80m breit und 2214 BRT groß. Ihr Ziel: Südaustralien, ihre Fracht: Weizen! Fast durch Zufall an Bord geraten, findet sich der Autor als Junge unter einer ebenfalls blutjungen Mannschaft wieder. Abhängig von Wind, Wolken und See, allein auf sich gestellt, legen sie 26000 Seemeilen unter Segeln zurück, runden Kap Hoorn und erreichen nach 125 harten Tagen endlich Irland, wo die Mannschaft abgemustert wird. Die letzte Fahrt eines großen Rahseglers geht zu Ende. – Hier wird sie in einem packenden Erlebnisbericht noch einmal heraufbeschworen von einem, der dabei war: das klassische Dokument einer versunkenen Epoche.

DER AUTOR:

Fritz Brustat-Naval, aufgewachsen in Stettin, ist einer der bekanntesten deutschen Seebuchautoren der Gegenwart. Er ist noch auf Rahseglern »vor dem Mast« um Kap Hoorn gefahren und lernte als Kapitän auf großer Fahrt alle Weltmeere kennen. Er studierte politische Wissenschaften, bereiste das China Mao Tse-tungs und war bei der Windjammerparade 72 als Kommentator des Bundespräsidenten eingesetzt. Zu seinen erfolgreichsten Seebüchern gehören: *Nasses Eichenlaub* (1983), *Ali Cremer: U 333* (1982) und *Unternehmen Rettung* (1970), in dem er den Rücktranport von über zwei Millionen Flüchtlingen, Verwundeten und Soldaten über die Ostsee in das kurz vor dem Zusammenbruch stehende Hitler-Deutschland schildert. Er gehört dem Freundschaftsbund der letzten Kap-Hoorn-Fahrer an, der berühmten Association Amicale Internationale des Capitaines au Long-Cours Cap Horniers und lebt in Kiel.

Fritz Brustat-Naval

Im Wind der Ozeane

Mit dem Vollschiff »Greif«
um die Welt

ein Ullstein Buch

ein Ullstein Buch / maritim
Nr. 20949
Herausgegeben von J. Wannenmacher
im Verlag Ullstein GmbH,
Frankfurt/M – Berlin

Ungekürzte Ausgabe

Umschlagentwurf: Hansbernd Lindemann
Farbreproduktion nach einem Gemälde
von Roy Cross
aus der Sammlung Peter Tamm, Hamburg,
entnommen dem Buch ›Maler der See‹
von Prof. Dr. Jörgen Bracker,
Dr. Michael North und Peter Tamm,
Koehlers Verlagsgesellschaft mbH,
Herford 1980

Taschenbuchausgabe mit
Genehmigung der Koehlers Verlagsgesellschaft mbH, Herford

Textabbildungen:
Archiv Verfasser (20),
Dr. Jürgen Meyer, Hamburg (4)
Routenkarte: Martin Andersch,
Hamburg
Printed in Germany 1988
Druck und Verarbeitung:
Clausen & Bosse, Leck
ISBN 3 548 20949 1

Juli 1988

Vom selben Autor
in der Reihe der
Ullstein Bücher:

Kaperfahrt zu fernen
Meeren (20637)
Die Kap-Hoorn-Saga (20831)
Ali Cremer: U 333 (33074)

CIP-Titelaufnahme
der Deutschen Bibliothek

Brustat-Naval, Fritz:
Im Wind der Ozeane: mit d. Vollschiff
»Greif« um d. Welt/
Fritz Brustat-Naval. – Ungekürzte Ausg. –
Frankfurt/M; Berlin: Ullstein, 1988
(Ullstein-Buch; Nr. 20949: Maritim)
ISBN 3-548-20949-1
NE: GT

Inhaltsverzeichnis

Der Stein des Anstoßes – Seesack und Geigenkasten – Sturm im August

Ich will euch erzählen, wie es anfing und wie es endete. Es geschah in der Zeit zwischen beiden Weltkriegen. Aber in einem tieferen Sinne ist meine Erzählung zeitlos und allgemeingültig für junge Menschen, die sich unter abenteuerlichen Umständen mit der Welt und Umwelt auseinanderzusetzen haben. Denn die Moral ist die gleiche und bleibt. In meinem Falle hießen die Umstände Wind, Wolken und Wellen. Es waren die Segel: die Fittiche des Windes, die Flügel der Morgenröte. Wie Flügel standen sie gegen den Himmel, und die Morgenröte lag auf ihnen, wenn sich ein neuer Tag über das Meer tastete.

Abenteuer beginnen nicht selten mit Nichtigkeiten. Dieses begann mit einer Ohrfeige.

Die Ohrfeige gab mir der Bestmann des pommerschen Zweimastgaffelschoners ›Zeus‹. Bestmann hieß auf diesen hölzernen Küstenseglern der Vertreter des Kapitäns. Er besaß in der Regel kein nautisches Patent, sondern mußte derartige Feinheiten des Gewerbes durch große Handflächen ersetzen. Unser Bestmann stammte aus Ostfriesland und galt als äußerst tüchtig, seine Handfläche war zufällig besonders groß geraten. Er hatte mir schon manche Ohrfeige verabreicht; egal, ob ihm das Bier nicht schmeckte, ob er sich mit dem Hammer auf den Daumen schlug oder ob er ungeschickterweise das saubere Schonersegel auf den Kombüsenschornstein fallen ließ, in dem ich gerade ein loderndes Feuer unterhielt. Die Prügel bezog in jedem Falle ich: Koch und Schiffsjunge einer vierköpfigen Besatzung, einschließlich Kapitän. Diesmal hatte ich einen Topf gemischtes Gemüse mit Mehl andicken wollen, aber das Mehl verwandelte sich sofort in Klumpen, der Topf kochte über, und es knallte wieder.

Aber auch bei mir kochte etwas über. Gewiß waren Segelschiffe rar und die Zeiten schlecht, doch waren sie wiederum nicht so schlecht, daß es mich noch länger auf dieser Arche mit dem hochtrabenden Namen halten sollte. Vierzehn Tage waren lange genug. Wir hatten in Stettin Ölkuchen als Viehfutter für Dänemark geladen, hatten uns oderabwärts treiben lassen und warteten nun zwischen den grünen Ufern eines Seitenarmes auf günstigen Wind. Die Reise fing vielversprechend an. Ich überdachte meine erzwungene Kochkunst, meine finstere Koje im vordersten Loch des Seglers zwischen Ankerketten, Tauabfällen und Laternen. Ich dachte an den für mich endlosen Tag von Sonnenaufgang bis in die Dunkelheit und an meine Einsamkeit als ahnungsloser Neuling zwischen lauter Erwachsenen. Bis mich die grobe Stimme des tüchtigen Bootsmannes aus dem Grübeln riß.

»Jetzt fang mir bloß nicht noch an zu dösen! Los, mach schnell und setz den Kapitän an Land!«

Der ›Alte‹ war landfein zurechtgemacht und wollte noch einmal zu seiner Frau. Als gleichzeitiger Eigner des ›Zeus‹ hatte er bei Antritt der Reise vom Makler einen

Teil der Fracht als Vorschuß kassiert und meinte wohl, Eile mit Weile. Wir sprangen beide ins Boot, und ich begann zu rudern.
»Na, ist das Seemannsleben nicht großartig?« fragte er leutselig und paffte den Rauch seiner Zigarre genießerisch in den Sommertag.
»Jawohl, Herr Kapitän, jawohl«, pflichtete ich ihm bei und fügte im stillen hinzu, du hast gut reden, du sitzt bestimmt am besseren Ende vom Boot. Dann kam mir ein Einfall.
»Wenn Sie nichts dagegen haben, bitte ich um einen Tag Urlaub, damit ich mir noch einige Kleidungsstücke von Hause holen kann.«
»Meinetwegen«, stimmte er zu, »fahr los und bring dir was Vernünftiges mit. In dem, was du anhast, muß es ja durch alle Knopflöcher pusten.«
So ergab es sich, daß ich mich kurz darauf ebenfalls auf den Weg zur Stadt machte. Zur Verblüffung des Bestmanns, der mich voll unterdrückten Zorns nun selbst an Land zu bringen hatte.
Als sollte es so sein, kaufte ich mir unterwegs den ›General-Anzeiger‹. Kaum hatte ich ihn aufgeschlagen, wurden meine Augen größer und größer. Berichtete das Blatt doch an hervorragender Stelle:
Windjammer wird Schulschiff
Von der Stettiner-Dampfer-Compagnie und ihrer Tochtergesellschaft, der Deutschen-Orient-Linie, wird demnächst ein Segelschulschiff in Dienst gestellt werden. Der Segler, nach dem pommerschen und Stettiner Wappen ›Greif‹ genannt, liegt zur Zeit in Rotterdam. Er ist als Vollschiff getakelt, 1892 von der Werft J. Blumer & Co. in Sunderland aus Stahl gebaut und 2214 Brutto-Regi-

ster-Tonnen groß (6271 cbm). Seine Abmessungen sind folgende: Länge 85,70 Meter — Breite 12,80 Meter — Raumtiefe 7,30 Meter. Höhe des Großmastes über Deck 48 Meter. Ursprünglich in Liverpool beheimatet, führte das Schiff den Namen ›Wiscombe Park‹ und wurde später an eine Reederei in Nantes verkauft. Jahrelang segelte es als ›Edouard Bureau‹ unter französischer Flagge und ist jetzt zum Zwecke der Ausbildung eines Nachwuchses von tüchtigen Seeleuten und angehenden Schiffsoffizieren für die deutsche Handelsschiffahrt erworben worden. Wenn der ›Greif‹ nach seiner beabsichtigten Überholung auf einer deutschen Werft in Fahrt kommt, so wird er das größte preußische Segelschiff sein, die Flagge seines Heimathafens Stettin führen und dabei zugleich als Frachtschiff dienen. Es ist mit Freuden zu begrüßen, daß gerade die leitende Reederei der größten Hafenstadt Preußens die Initiative ergriffen hat, jungen Seeleuten die richtige Ausbildung auf einem großen Segelschiffe zuteil werden zu lassen. Zumal jeder tüchtige Seemann wie in früheren Zeiten seine Laufbahn auf Segelschiffen in überseeischer Fahrt beginnen sollte. Möge das Unternehmen von Erfolg gekrönt werden und dem Schiffe stets eine glückliche Fahrt beschieden sein.

So, das war es! Als ich aufatmend das Blatt sinken ließ, wußte ich plötzlich, daß ich nur noch für einen Augenblick auf den Schoner zurückkehren würde. Nicht etwa, um Kleidungsstücke hinzutragen, vielmehr um meinen Zeugsack mit allen Effekten von Bord zu nehmen. Junge, dachte ich, hier ist etwas, das lohnt sich. Ein richtiges Segelschiff, ein Windjammer für große Fahrt und lange Reise, und nicht solch ein winziger

Klütenewer von 150 Tonnen, wie der ›Zeus‹, der nur von Küste zu Küste schlich.
Und erst seine Reederei: die 1856 gegründete Stettiner-Dampfer-Compagnie und die Deutsche-Orient-Linie. Außer zu den Haupthäfen von Nord- und Ostsee liefen ihre Dampfer zum östlichen Mittelmeer, zum Schwarzen Meer und Vorderen Orient. Selbst ihre nüchternen ›Schiffsmeldungen‹ in der Zeitung vermittelten noch etwas von Glanz der Ferne, vom Zauber der Levante und des Nahen Ostens. Das las sich dann so: ›Stralsund‹ — von Piräus nach Saloniki... ›Leipzig‹ — von Stettin nach Danzig und London ... ›Galata‹ — von Alexandrien nach Velos ... ›Oderland‹ — von Malta nach Istanbul ... ›Marmara‹ auf der Heimreise Gibraltar passiert ... ›Preußen‹ — von Leningrad nach Stettin ... ›Weimar‹ — in Smyrna ... ›Bosporus‹ — von Odessa nach Poti.
Das ging so ungefähr dreißigmal, so viele Dampfer hatte die Firma. Und nun obendrein noch ein Segelschulschiff. Junge, Junge, war das etwa nichts? Also, nichts wie hin! Ich war so felsenfest davon überzeugt, auf dem ›Greif‹ zu landen, daß mich nichts von dieser vorgefaßten Meinung hätte abbringen können. Nicht einmal die gehässige Bemerkung des tüchtigen Bestmanns: »Was, zum Teufel, ist denn an dir schon groß dran? Wenn du dir die Jacke ausziehst, bleibt nicht mehr viel nach.«
Das Unwahrscheinliche geschah. Ich segelte nicht nach Dänemark. Drei Tage später war ich als Schiffsjunge für den ›Greif‹ angenommen. Selbstverständlich nur, weil ich mich schnurstracks vorgestellt hatte, frisch aufgetreten war und einen guten Eindruck machte. Du

meine Güte, so denkt man nur zu gerne von sich selbst, und das nicht nur mit sechzehn Jahren. Vielleicht stimmte das sogar. Etwas anderes stimmte ganz gewiß, nämlich: ein einflußreicher Mann bei der Reederei war unser Nachbar.

Fünf Tage später standen wir mit mehreren Matrosen und zwei Jungen in einem Vorzimmer. Die Tür ging auf, und der Reederei-Inspektor kam heraus. Er war sozusagen der geistige Vater des ›Greif‹; ein großer Mann mit rötlichem Spitzbart und einem entschiedenen Auftreten. Er imponierte uns mächtig.

»Also Leute, mal herhören! Ihr fahrt morgen früh nach Hamburg und von da mit einem Seeschlepper nach Rotterdam. Dort geht ihr an Bord des ›Greif‹ und bildet mit dem kleinen Vorauskommando, das sich schon an Bord befindet, die Stammbesatzung. Der Schlepper bringt den Segler zurück nach Deutschland, wo er erst einmal gründlich überholt wird, bevor wir ein Schulschiff aus ihm machen. Die restliche Mannschaft stellen wir uns später zusammen. So lange verlasse ich mich auf euch. Ist das klar?«

»Jawohl, Kapitän Dreßler«, antwortete der Älteste unseres kleinen Häufleins kurz, und wir alle nickten dazu.

»Schön, dann ab dafür!«

*

Es war der 1. August. Als sich der Zug in Bewegung setzte, ahnte noch niemand von uns, daß wir Stettin erst nach langen sechzehn Monaten wiedersehen sollten. Vom Dazwischenliegenden ganz zu schweigen. Von meinen neuen Kameraden saß mir gegenüber der

andere Schiffsjunge. Ein schlanker, dunkelhaariger Typ, der eher wie ein Franzose aussah.
»Was hast du da für einen Kindersarg in deinem Handgepäck?« fragte er mit freundlicher Ironie.
»Das ist kein Kindersarg, das ist ein Geigenkasten.«
Er sah mich abschätzend an und kniff ein Auge zusammen.
»Geige spielst du, wie weit bist du denn schon, spielst du schon die Lagen?«
Warte, dachte ich bei mir, dir werde ich deine Selbstsicherheit schon noch abgewöhnen. »Welche Lagen meinst du? Die kleinen Lagen — immer ein Köhm und ein Bier abwechselnd, und so weiter?«
Er lachte. »Nein, im Ernst, was spielst du so alles?«
»Ach, was man so spielt«, erwiderte ich, »ein bißchen zur Unterhaltung. Mozarts Menuett aus der Es-Dur-Symphonie, Ouvertüre zum ›Kalif von Bagdad‹, ›Stephanie-Gavotte‹, ›Heinzelmännchens Wachparade‹, ist's genug?«
»Euch Jungens wird die Unterhaltung schon noch vergehen«, mischte sich ein Älterer ein, »erst kommt die Arbeit. Laßt uns erstmal an Bord sein.«
»Man sachte«, beschwichtigte ihn ein anderer, »ein wenig Musik ist auch ganz schön. Nachher im Passat machen wir eine Bordkapelle.« Und zum allgemeinen Gaudium trompetete er durch die hohlen Hände.
»Hast du schon zur See gefahren?« fragte man mich.
»Ja, auf dem Erzdampfer ›Gunther‹ als Kochsjunge, um überhaupt erst einmal ein Seefahrtsbuch in die Finger zu kriegen. Und dann auf einem Schoner.«
Sie nickten befriedigt. »Dann kannst du wenigstens schon vorn und achtern unterscheiden, Luv und Lee,

und weißt, was Backbord und Steuerbord ist. Und du?«
Diese Frage galt meinem Gegenüber.
»Ich habe auf dem Bremer Fünfmaster ›Adolph Vinnen‹ als Junge gefahren. Ganze zwei Wochen.«
Sie taten erstaunt. »Warum nur zwei Wochen?«
»Das ist schnell erklärt. ›Adolph Vinnen‹ war ein Neubau. Wir segelten von Bremen mit Stückgut nach Buenos Aires. Aber schon am Kanalausgang erlitten wir Schiffbruch. Der Wind war gegenan, wurde zum Sturm und warf uns auf die Klippen von Kap Lizzard. Wir kletterten alle in die Masten und wurden nach einer eisigen Januarnacht völlig erstarrt mit der Hosenboje von Bord geholt und gerettet. Das Schiff ging total verloren — und das auf der ersten Reise.«
Das alles sagte er so leichthin, als hätte es sich um einen ganz alltäglichen Betriebsunfall gehandelt, so daß er merklich in der Achtung der Zuhörer stieg. Dann wandte man sich wieder anderen Dingen zu und überließ uns unserem Gespräch. Nur ich wollte es noch genauer wissen und fragte weiter.
»Und trotzdem gehst du nach einem Schiffbruch mit uns mit. Was haben denn deine Eltern dazu gesagt?«
Er zuckte die Achseln. »Mein alter Herr hat mir abgeraten. Als ich aber absolut nicht auf ihn hören wollte, hat er geschmunzelt und mir eine Zigarre gegeben. Mein Vater ist nämlich Kapitän des Norddeutschen Lloyd«, fuhr er schnell fort, »vor dem Kriege führte er einen Reichspostdampfer nach Ostasien und in die Südsee. Wir haben noch eine ganze Wand voll Kannibalenwaffen zu Hause. Jetzt sitzt er an Land und hat die Bauaufsicht über die Neubauten in der Vulcan-Werft. Und was ist dein Vater, hat er auch was mit

Schiffahrt zu tun?« Erwartungsvoll sahen mich seine braunen Augen an.
»Mein Vater?« antwortete ich verwirrt, »nein, mein Vater hat nichts mit Schiffahrt zu tun. Er ist verschollen, er war Kaufmann in Petersburg. Die Russen haben ihn angeblich nach Sibirien geschickt, und weder das schwedische Rote Kreuz noch sonst irgendwer haben je wieder etwas von ihm gehört.«
»Oh«, sagte mein Gegenüber betroffen.
»Laß man, ich hab mich schon daran gewöhnt. Meine Mutter starb übrigens nicht lange danach an der Grippe.«
»Bei wem hast du denn gelebt?« forschte er noch einmal.
»Nun, bei Verwandten, bei Onkel und Tanten.«
Mein Gegenüber dachte nach. Dann lächelte er und streckte die Hand aus. »Ich heiße Hans-Günther Mundt. Meine Freunde nennen mich nur H. G. M. Wenn wir zurückkommen, nehme ich dich mit nach Hause und zeige dir die Südseewaffen und das alles. Meine Eltern sind prima, sie werden sich freuen, dich kennenzulernen.«
Ich schlug ein. »Und ich heiße Fritz, bei der Seefahrt sagten sie immer Fietje.«
»Also dann, H. G. M. und Fietje!«
Und bei H. G. M. und Fietje blieb es, bis er später als Oberleutnant zur See bei einem Fliegerangriff an der Atlantikküste ums Leben kam.

*

Der Schlepper hieß ›Fairplay XV‹ und war so klein, daß er in jedes Loch fiel. Mal ging es steil aufwärts, dann wieder kopfüber hinunter, daß alles durcheinanderpurzelte. Die Luft in der engen Kajüte war zum Ersticken. Wie die Heringe lagen wir zusammengepfercht.

»H. G. M., ist dir auch so übel?«

»Übel ist gar kein Ausdruck, Fietje.«

»Mensch, komm bloß an Deck, nichts wie raus hier!«

Den Niedergang hochgesaust, die Kappe aufgerissen und den Magen erleichtert. »Hui, wie pfiff der Wind so kalt, in dem Teutoburger Wald«, deklamierte einer der Matrosen. Die hatten es gut, die waren wenigstens nicht seekrank. Aus tränenden Augen bemerkte man in der Nähe ein wildschaukelndes Elbefeuerschiff; weiter oberhalb, nach Cuxhaven zu, eine Viermastbark vor Anker. Sonst nur noch Qualm und Gischt.

Die Viermastbark war die ›Passat‹. Der Schlepper hatte sie in Hamburg mit auf den Haken genommen und war mit ihr elbabwärts gedampft, der offenen See entgegen. Sie war mit Stückgütern um Kap Horn nach Chile bestimmt, um von dort Salpeter zu holen. Ihre Segel noch festgemacht, turmhoch, so hatten wir sie hinter uns hergezogen, und das Geschrei an Bord hatte uns einen Vorgeschmack kommender Dinge gegeben. Über allem dröhnte die Stimme ihres Ersten Offiziers.

»Mann, das ist ja Müller!« staunten unsere sachverständigen Matrosen. Eigentlich enttäuschend so was. In den Seegeschichten hießen die Ersten Steuerleute immer Terje Vigen oder Jan Murr oder Frerk Frerksen. Aber schlichtweg Müller, na hört mal.

»Schaut gut hin«, hieß es da, »das ist die berühmteste Segelschiffsreederei der heutigen Zeit. Siehst du die weiße Kontorflagge mit dem roten ›FL‹? Das bedeutet

Ferdinand Laeisz. Seine Schiffe fangen alle mit einem ›P‹ an. Im Ausland nennt man sie ›die fliegenden P-Liner‹; denn sie segeln alle wie der Teufel. ›Preußen‹ und ›Potosi‹ waren zu ihrer Zeit die größten und schnellsten Segelschiffe der Welt und haben so manche Dampfer überrundet. Da kannst du dir 'ne Scheibe von abschneiden, du Dreikäsehoch.«

Der sich so in Eifer redete, war der Matrose Kuddel, eine kühne Erscheinung mit abenteuerlicher Vergangenheit. Im ersten Weltkrieg hatte er zur Besatzung des Kleinen Kreuzers ›S.M.S. Dresden‹ gehört, den man bei der Robinson-Insel Juan Fernandez zusammenschoß. Von vier Offizieren angeführt, flohen sie aus der chilenischen Internierung auf der uralten hölzernen Bark ›Tinto‹. Auf Schleichwegen, die schließlich mitten durch die englische Blockade führten, erreichten sie nach 124 Tagen Norwegen und fuhren von dort aus in die Heimat.

»Und das laßt euch gesagt sein«, ging es weiter, »unseren zukünftigen Kapitän kenn ich auch von Laeisz her, ich hab mit ihm zusammen gefahren.«

»So? Wie ist er denn? Kommt man mit ihm aus?« wurde Kuddel von allen Seiten bestürmt.

»Wie er ist? Na, paßt mal gut auf. Einmal begegnete uns ein Dampfer. Da ließ er mich bis zur Spitze des Großmastes klettern und den Flaggenknopf abwischen, der sei verrußt, ha-ha-ha! Nun, ich hatte ihn irgendwie geärgert. Sonst ist Kapitän Burmeister nämlich ganz in Ordnung, das muß man ihm lassen. Zuletzt führte er die Viermastbark ›Tamara‹. Mit der ist er bei der Walfängerstation von Süd-Georgien gestrandet ...«

Und dann wurde nur noch von Segelschiffen geredet,

aber in einem Ton, daß man merkte, wie es mit ihnen zu Ende ging. Von der ›Gustav‹, ›Elfriede‹ und ›Henriette‹, von der ›Obotrita‹ und der ›Toni‹ und so weiter. Sie alle starben schnell aus.

Auf der Unterelbe hatte es zu regnen begonnen, und der Wind war aufgefrischt. Querab von Cuxhaven kam ›Fairplay XV‹ mit dem gewaltigen Viermaster im Schlepp nicht mehr von der Stelle.

Auf der ›Passat‹ polterten beide Anker zu Wasser. »Schmiet los!« Die Schlepptrosse wurde eingeholt. Wir verbrachten die Nacht in Cuxhaven an der Pier und dampften am nächsten Morgen alleine in See. Na, und da waren wir nun.

›Fairplay XV‹ stampfte und rollte. Auf einmal legte sie sich so weit über, als wollte sie kentern. Wasser stürzte an Deck, und im Innenschiff ging mit Gepolter alles über Stag. Doch unser Schlepperschiffer hatte nur gleichmütig umgedreht, um im Hafen besseres Wetter abzuwarten. Ein großer Zweischornsteiner kam uns entgegen und tauchte seine Nase langsam in die aufgewühlte Nordsee: der ›Albert Ballin‹ auf der Reise nach New York.

»Was meint ihr wohl, wie den Passagieren jetzt der Magen zum Halse rauskommt«, grinste der kleine Adolph, der als Jungmann auf der ›München‹ den Nordatlantik befahren hatte, »aber Kapitän auf einem solchen Schiff, das ist schon was.«

Ja, das war schon was. Kapitäne wollten wir alle einmal werden, wenn uns auch die ersten Schritte noch mächtig schwerfielen. Aber dem da drüben war es sicherlich auch nicht leichtgefallen, wenigstens ein Trost! Nur ist der kleine Adolph nie Kapitän gewor-

den. Er war ebenso angriffslustig wie klein, blieb in New York hängen und wurde im Streit erschossen.
Es wehte noch immer sehr hart. Ein eben erst in Dienst gestellter Dampfer ging unter, die ›Klüpfel‹. Von der gesamten Besatzung wurde nur ein Mann aufgefischt, der auf einem Lukendeckel schwamm. Endlich drehte der Wind und flaute rasch ab. Wir setzten die Reise nach Rotterdam fort.
Die Viermastbark ›Passat‹ entfaltete ihre Schwingen und flog auf und davon nach Südamerika.

Aus »Edouard Bureau« wird »Greif« – Die Jung's vom teuren Vaterhaus – Auf große Fahrt für fünf Mark fünfzig

Der Hafen von Rotterdam ist einer der größten der Welt und hat viele Winkel. In einem der abseitigsten war die Zeit stehengeblieben, und hier fanden wir den Dreimaster. Er lag da, als hätte man ihn vergessen. Wenn das Kielwasser Vorbeifahrender den alten Schiffsrumpf streifte, fächelte er mit langen Algen. Vergeblich suchte das Auge nach den Segeln, alles leer. Die ockerfarbenen Masten waren verblichen, die weißen Zierleisten an Bug und Heck verwaschen, und über die blaßgrauen Bordwände zogen sich Rostflächen. Den früheren Namen ›Edouard Bureau‹ hatte man mit leuchtender Mennige flüchtig ausgestrichen. Darüber stand in ungelenken Buchstaben: GREIF . . .

»Da liegt er«, sagte jemand und schluckte. Die anderen sagten gar nichts, sie starrten nur.

Und doch hatte die lange Untätigkeit nicht den Nimbus des Vollschiffs zerstören können. Jenen Hauch der Ozeane, die es einmal gewiegt und geschaukelt, jenen Atem der Winde, die es einmal vor sich hergetrieben hatten. Etwas war hängengeblieben im verwirrenden Durcheinander von Brassen und Fallen, von Stagen, Wanten und Pardunen, die das scheinbar zarte und zerbrechliche Takelwerk ausmachten. Wenn es auch noch so mitgenommen aussah. Etwas, das man als Schiffsjunge wohl fühlen, aber kaum beschreiben kann. Der weitausladende Steven verlief im Klüverbaum, an dessen Ende noch der Rest einer Haifischflosse steckte: für guten Wind. Weit ragten die dicken Rahen über die Bordwand hinaus. Wie Galgen, zum Aufknüpfen von Meuterern einladend. Mit zunehmender Höhe verjüngten und verkürzten sie sich, bis sich das Ganze hoch über unsern Köpfen im abendlichen Himmel verlor. ›Fairplay XV‹ tutete aufgeregt und ging längsseit. Im Schatten des ›Greif‹ wirkte er noch kleiner, als er ohnehin schon war. Einige mißtrauische Gesichter erschienen oben, das Ende einer schweren Strickleiter fiel herab, und wir kletterten an Bord. Hintereinander setzten wir unsere Füße auf ein langes und weites Deck, dessen hölzerne Planken uns die Heimat ersetzen und Schauplatz unserer jugendlichen Taten sein sollten. Es dämmerte schon, aber auf den ersten Blick erkannte man den Kapitän. Mitten auf Deck stand er in einem sommerlichen Khakianzug, die Hände in den Hosentaschen: gut aussehend, groß und breit und ungefähr vierzig Jahre alt. Sein volles, bartloses Gesicht drückte unverhohlene Erwartung aus. Seine blauen Augen musterten uns sekundenschnell, und unseren respektvollen Gruß erwiderte er mit lässigem Nicken. Als er sich mit der weißen Mütze Kühlung zufächelte, entblößte er einen kahlen Schädel. Er verlor kein Wort. Die meiste Zeit seines Lebens hatte er auf Segelschiffen zugebracht. Würde er uns auch den Flaggenknopf putzen lassen?

»Hast du das gesehen?« flüsterte Hans-Günther mit einem Seitenblick auf zwei alte Fahrensleute, die uns

wahrnahmen, »der eine trägt sogar noch einen Ohrring.«
»Und der andere einen chinesischen Drachen auf dem Unterarm tätowiert«, erwiderte ich ihm ebenso leise.
»Ach was«, brummte der kleine Adolph, »Hauptsache, es gibt erst einmal was zu essen, auf dem Schlepper hat man ja nicht viel schlucken können.«
»Was ist da los?« wollte jemand wissen, »redet nicht so viel, Jungens. Seht lieber zu, wo ihr eure Sachen verstauen könnt.«
Das war gewiß der Steuermann. Er fand gleich den richtigen Ton. Von Schulschiff noch keine Spur.
Wir legten unsere Sachen in die alten Kojen des Matrosenlogis, das sich in einem großen Deckshaus befand. Im Schlafraum herrschte ein stetes Halbdunkel. Es gab keine Oberlichter, und die blau angelaufenen Bullaugen ließen nur ein Dämmerlicht herein, an das man sich jedesmal aufs neue gewöhnen mußte. Man trat dabei durch offene Türrahmen, deren Blöße früher einmal Vorhänge gedeckt haben mochten.
Mit dem Steuermann an der Spitze räumten wir den Windjammer erst einmal halbwegs auf und wuschen Deck. Dann sahen wir die Rettungsboote nach. Sie hingen an einer Plattform, die einen Kompaß trug und wie eine flache Kommandobrücke aussah. Es lag eine ganz merkwürdige Atmosphäre über diesem, seit Jahr und Tag vergessenen Schiffskörper. Ein unbeschreiblicher Geruch, stumpf und vertrocknet, durchzog alle Abteilungen. Er schwebte über dem bißchen Sandballast des Unterraums. Er schlug einem im ungelüfteten Zwischendeck entgegen, in dem einige aufgerollte Segel lagen. Der gleiche Geruch fand sich in den verschiedenen Quartieren: ein Rest von Vergangenem und

Abgestandenem. In der Totenstille, die nur durch leise, unerklärliche Geräusche unterbrochen wurde, verhielt man unwillkürlich im Schritt und lauschte.

So war es auch in den heiligen Räumen des Achterdecks. Für einen gewöhnlichen Sterblichen dürfte es weniger schwer gewesen sein, das Innere eines Tempels zu betreten, als für einen Mann ›vor dem Mast‹ die Kammern der Offiziere, geschweige den Salon des Kapitäns. Aber da hatte mir der Steuermann gleich beim Anbordkommen gesagt:

»Du, Kleiner«, hatte er gesagt, »du bist gewiß der Jüngste. Du kannst vorläufig den Kajütenjungen machen und uns achtern bedienen, das ist auch ganz schön. Los, fang an.« Und ich ging mit der größten Selbstverständlichkeit dort ein und aus.

»Wie sieht es dort hinten aus?« fragte mich Hans-Günther. Wie sollte es dort schon aussehen! Vor allen Dingen war es dort vergleichsweise geräumig, und sonst: Alte französische und englische Logbücher, auf denen die Namen der Salpeterküste verblichen, verstaubten zwischen Kohlköpfen und Schwimmwesten im Proviantraum. Hinter den mottenzerfressenen Gardinen einer Offizierskoje lag ein abgegriffenes Kartenspiel. Das Steingutgeschirr in der Pantry war mit einem Flaggendekor geschmückt. Abgestoßen war es obendrein. Auf dem Tisch der einfachen Messe fand sich ein Brett mit Intarsien. Ein stockdunkles Verlies mit sauberen Lattenverschlägen an den Seiten war die Segelkoje.

Ganz hinten im Schiff lagen die Räume des Kapitäns: der mahagonigetäfelte Salon mit einem Barockspiegel über der Anrichte und einer roten, im Boden verschraubten Garnitur von Polstersofa und Drehstühlen. In der

Ecke ein kleiner grüner Kachelofen. Die elfenbein gestrichene Decke von tauwerkartig gedrechselten Goldleisten eingefaßt. Das Tageslicht flutete durch ein gewaltiges Oberlicht herein und brach sich im Messing einer darunterhängenden pompösen Petroleumlampe. Zu beiden Seiten des Salons stießen mehrere Kammern unmittelbar an die Bordwand. Unter anderem auch das Bad des Kapitäns. In seiner Schlafkammer waren über der Koje Kompaß und Schiffsuhr angebracht. Wenn der Alte auch nur die Augen öffnete, wußte er schon, was die Glocke geschlagen hatte und was anlag. In einer anderen Kammer fand ich ein Dutzend veralteter Flinten und breitkörbiger Entersäbel aufgehängt.
Auch diese Unterkünfte, sosehr sie sich von den kargen Mannschaftsquartieren unterschieden, waren vernachlässigt und zeigten eine verstaubte Eleganz. Ihre neuen Bewohner, Kapitän und Steuermann, füllten sie nicht aus, sondern verloren sich in ihnen. Der schmale Durchgang, der von Deck aus in dieses Reich führte, war finster und voller Geheimnisse. Wenn man um die Ecke bog, fürchtete man sich, gegen einen Unbekannten zu stoßen. Die Schatten derer, die einmal hier gelebt hatten, hingen noch immer im Raum.
›Fairplay XV‹ schleppte das Vollschiff nach Deutschland. Die Nordsee hatte sich mit Regenwolken tief verhängt. Aus der Takelage fielen schwere Tropfen auf ein Deck, das sich wohlig und träge wiegte. Nachts brannten in den Feuertürmchen auf der Back seit langem wieder die rote und die grüne Laterne. Die Küste blinzelte uns mit ihren Leuchttürmen zu, und die Feuerschiffe strahlten.
Von alldem sah ich wenig. Kaum steckte das Schiff die

Nase in die Nordsee, wurde mir wieder flau im Magen, und ich mußte mich hinlegen. Spät am Abend wurde ich unsanft geweckt und zum Kapitän geholt.

»Was soll das?« herrschte er mich an und deutete auf das schmutzige Geschirr im Abwaschbecken der Pantry. Mit käsigem Gesicht sagte ich ihm, wie es um mich stand. »Ich bin ganz früh wieder auf und mach alles sauber.«

»Meinetwegen und ausnahmsweise«, brummte er schließlich. »Sonst dulde ich keine Lotterei. Bei euch zu Hause bleibt das schmutzige Geschirr auch nicht über Nacht stehen. Ein Schiff ist kein Schweinestall, hier herrscht Ordnung!«

O weh, das war deutlich genug und sah ganz danach aus, als würde er auch mich einmal hochnehmen und den Flaggenknopf abwischen lassen. Um es gleich zu sagen: er tat es nie. Er war überhaupt ein feiner Mann, wir kannten ihn nur noch nicht.

Hans-Günther lachte mich aus. Die Matrosen waren wütend. Der Koch aber gab mir mehr als nur einen bösen Blick. Er schnupfte Kokain und jagte leuchtenden Auges mit offenem Messer hinter mir her. Das hätte er lieber nicht tun sollen; denn kaum waren wir wieder in Deutschland, überraschte ihn der Steuermann beim Proviantdiebstahl und warf ihn im hohen Bogen hinaus. »Damit keine Mißverständnisse aufkommen, hier herrscht Ordnung!«

*

Auf Umwegen landeten wir in Bremerhaven-Geestemünde in der Werft von Joh. C. Tecklenborg. Zuerst ging es hoch und trocken in ein Schwimmdock, wo der

Schiffsboden untersucht und gereinigt wurde. Aber das geschah sozusagen im Handumdrehen, und kaum hatte der letzte Mann von uns den Segler verlassen und war in ein Logierhaus der Werft umgezogen, war es mit der Grabesruhe des Schiffes vorbei. Sie rissen ihm buchstäblich die Seele aus dem Leibe: die Takler, die Schiffsbauer, die Zimmerleute. Wir hatten bisher kaum einen Fuß in die Takelage setzen können, da zerlegte man sie schon in ihre Bestandteile. Zurück blieben nur die bis zum Kiel hinuntergehenden Stümpfe der Untermasten. Dann riß man das Deck und die Seiten auf, daß man das Gerippe der Spanten sehen konnte. Das ging so bei Schönwetter und Regen und nachts im grellen Scheinwerferlicht in einer alles überstürzenden Hast. Innerhalb weniger Wochen, in denen wir — beiseite gestoßen — die noch vorhandenen restlichen Segel durchzusehen hatten, war das Schiff verwüstet und demoliert. Das Ufer besäumten Teile durcheinandergeratener Aufbauten, Spills, Boote und anderes Zubehör. Die halbe Takelage lag frischgestrichen auf dem Rasen. Was noch auf den trüben Wassern der schmächtigen Geeste schwamm, glich einer Kreuzung von Wrack und Arche Noah, die man durch den Farbkasten gezogen hatte.

»Wenn das man gutgeht«, wurde unser täglicher Stoßseufzer. Alles fühlte sich höchst ungemütlich. Das Schiff veränderte sein Gesicht von Tag zu Tag, und schließlich veränderte sich unsere kleine Schar ebenfalls. Der Koch war schon fort. Der Steuermann wurde von der Reederei als Erster Offizier auf einen ihrer Dampfer versetzt. Die beiden ›Oldtimer‹, deren Ohrringe und Tätowierungen wir anfänglich so bewundert hatten, litt es auch nicht mehr länger bei uns. Als echte Zugvögel hatten sie fast das ganze Leben auf Segelschiffen verbracht: einsame alte Knaben, überall und nirgends zu Hause, getrieben von einer Unruhe, die nur das Meer zu stillen vermochte. Eines Tages entfernten auch sie sich für immer. Dieser und jener folgte ihnen nach. Die Werft hatte es allen angetan.

Am stärksten veränderte sich der Matrose Kuddel. Kam da einmal Hans-Günther zu mir und fragte höchst erstaunt: »Sag mal, weißt du davon, daß Kuddel ein Steuermannspatent besitzen soll?«

»Ist das denn die Möglichkeit?« wunderte ich mich, »und dann fährt er als Matrose vorm Mast?«

»Ja, nicht wahr?« nickte Hans-Günther, »aber damit ist es jetzt wohl vorbei. Er soll mit dem Alten gesprochen haben, der ihn in die freigewordene Steuermannsstelle aufrücken lassen will. Wahrscheinlich macht er ihn zum Zweiten oder auch nur zum Dritten; denn wenn wir erst mal in Gang kommen, ist es mit einem Steuermann nicht getan, dann kriegen wir doch wohl drei Offiziere.«

Und so war es dann auch. Kuddel wurde tatsächlich Steuermann.

Nun war Kuddel in nüchternem Zustande ein liebenswürdiger, ehrlicher und intelligenter Kerl. In seiner neuen Würde begnügte er sich mit der Intelligenz. Als Steuermann hatte er unter anderem auch den Proviant zu verwalten. Er tat dies mit dem größten Vergnügen und erlangte darin eine trickhafte Fertigkeit. So bestellte er beim Schiffshändler mehrere Flaschen Fleischextrakt, die er dann bei einem Destillateur gegen Weinbrand umtauschte. Damit sollte der Pudding verfeinert und angezündet werden; auf englische Art, versteht sich. Unser Pudding brannte allerdings nicht ein

einziges Mal, und vor allem hat sich die Reederei hinterher über den ungewöhnlich hohen Verbrauch an Fleischextrakt gewundert.
Hans-Günther pflegte solche und ähnliche Scherze mit der immer wiederkehrenden Redewendung ›Heute Steuer bes.‹ in seinem Tagebuch zu vermerken. Einmal überraschte ihn Kuddel beim Schreiben.
»Was soll denn das heißen?« fragte er drohend und wies auf die vielen ›Heute Steuer bes‹.
Hans-Günther war ein guter Schauspieler und tat ganz harmlos.
»Ach das? Das hat nichts weiter zu bedeuten. Das heißt doch man bloß ›heute Steuer besehen‹.«
»Ich werde dir helfen, so oft das Steuerrad zu besehen«, schrie Kuddel erbost, »du kannst mich mal!« Und mit diesen Worten schlug er ihm das Heft um die Ohren. Am andern Tag packte er seinen nicht gerade umfangreichen Zeugsack und nahm eine andere Heuer. Hans-Günther lachte nur. »Weißt du nun, weshalb er mit seinem Steuermannspatent immer wieder vor dem Mast landet? Da hast du's, er besieht sich eben zu oft das Steuerrad.«
Der Kapitän ließ sich noch nicht viel blicken. Die Werft hatte auch ihn an Land einquartiert, und im übrigen widmete er sich seiner Familie, solange er noch Gelegenheit dazu fand.
Natürlich ist alles besser als auf dem ›Zeus‹, sagte ich mir selber, aber immerhin, allmählich wird es langweilig. Die Geschichte des Schiffbruchs, die ich Hans-Günther entlockt hatte, kannte ich schon auswendig. So sahen wir uns um, so gut es ging. Da war vor allem die Werft mit ihren riesigen Hellingen, auf denen neue Dampfer entstanden, mit dem ausgeschlachteten Rumpf

eines Panzerschiffes und mit einem Frachter, der schließlich nach China übergeführt wurde. Das große Verwaltungsgebäude hatte es uns angetan. Angefüllt mit vielen Schiffsmodellen, die auf Treppenabsätzen und in der Halle herumstanden, glich es einem maritimen Museum. Imposante meterlange Schnelldampfer gab es da, sozusagen in Taschenausgabe, behäbige Frachter und natürlich auch Windjammer, getreu in allen Einzelheiten. Unsere Reederei hatte schon gewußt, weshalb sie den ›Greif‹ bei Tecklenborg umbauen ließ. Hier war unter anderem auch das seinerzeit größte Segelschiff der Welt, das Fünfmastvollschiff ›Preußen‹ entstanden.

»Na, siehst du. So was habt ihr auch nicht in Stettin.«

»Dafür aber haben wir die weltberühmte Vulcan-Werft, auf der dein Vater gerade die Neubauten des Lloyd beaufsichtigt. Und die Stettiner-Dampfer-Compagnie und Deutsche-Orient-Linie sind schließlich auch nicht schlecht, oder —?«

»Schon gut, schon gut, jedem das Seine«, lenkte er ein.

An seiner Sprache merkte man, daß er in Bremerhaven aufgewachsen war, das heißt, er s-tolperte über einen s-pitzen S-tein. Er kannte jeden Winkel der Stadt, und wenn wir sonntags durch den Hafen gingen, sahen wir an Stelle der Modelle die wirklichen Schiffe in den Docks liegen. Vom Weserdeich aus sahen wir sie nach See zu gehen, bestimmt in alle Himmelsrichtungen der Welt. Sie wurden kleiner und kleiner, und weg waren sie.

*

Endlich hatten wir das alles überstanden, konnten das nüchterne Landquartier verlassen und wieder an Bord ziehen, wo alles anders aussah. Hans-Günther und ich waren nicht mehr die einzigen Neulinge an Bord, und ich war nicht mehr Kajütenjunge. Dieses Geschäft besorgte nun ein regelrechter Steward in einer weißen Jacke.

Eines Tages rief mich ein anderer Steuermann zu sich. »Mach dich sauber, geh zum Bahnhof und hole den ersten der neuen Schiffsjungen ab. Er heißt Sprengel, wie er aussieht, weiß ich nicht. Du wirst ihn schon erkennen.«

Ich erkannte ihn sofort. Er war klein und schmächtig, hatte ein spitzes Gesicht, und in der Hand hielt er einen großen Pappkarton. Daneben stand sein Zeugsack. Schiffsjungen müssen wohl so sein. Seine Aussprache verriet den geborenen Mecklenburger.

»Ist es weit von hier? Würden Sie mir bitte wohl anfassen helfen?« fragte er schüchtern und höflich.

»Klar, Mann, nur immer her mit dem Wurm!«

Und damit warf ich mir die Zeugrolle über die Schulter. Die Anrede ›Sie‹ verlieh mir ungeahnte Kräfte.

»Aber das ›Sie‹ laß man bleiben«, fügte ich gönnerhaft hinzu und bekam einen dankbaren Blick.

»Bin ich der letzte oder sind schon mehr Schiffsjungen an Bord?« fragte er gespannt.

»Teils, teils. Von den neuen Schiffsjungen bist du der erste, aber gestern und vorgestern sind schon Matrosen und Leichtmatrosen gekommen. Die meisten sind kaum älter als wir und kommen vom Oldenburger Wasserzirkus.«

»Woher —?« Sprengel sperrte Mund und Nase auf.

»Ach so — der Oldenburger Wasserzirkus? Weißt du, das ist so ein Spitzname, den sie mitgebracht haben. Damit meinen sie das Schulschiff ›Großherzogin Elisabeth‹, da haben sie wohl ein bißchen in Drill und Uniformen gemacht und so. Jetzt sollen sie bei uns das Segeln mit einer Ladung lernen. Bei uns gibt's keine Uniformen.«

»Ach —«, machte er nur, und es klang ein wenig enttäuscht.

»Wieso ach? Bei uns ist es auch ganz schön, wir sind ein einfaches Handelsschiff, das nebenher noch Geld verdienen soll, aber sauber und in Ordnung. Auch sind wir nicht so viele Leute, daß wir uns gegenseitig umrennen, sind aber immerhin noch anständig bemannt. Die Handwerker sind auch schon da und alle möglichen Leute.«

»Was für Handwerker?«

»Na, Mann. Schmied, Zimmermann und Segelmacher, was man so an Bord auf 'ner langen Reise braucht. Und einen Koch haben wir, der wie ein Athlet aussieht, und ein Arzt soll auch noch kommen.«

»Ein Arzt? Ein richtiger Schiffsarzt?«

»Ein richtiger Schiffsarzt. Der ist wohl erst von einer gewissen Kopfzahl an vorgeschrieben, aber die Reederei tut ihr Bestes, wie du wohl siehst. Schließlich ist es ja ihr Schulschiff.«

»Die Reederei ist gut, sagt mein Vater auch immer«, meinte der Neue, »er ist nämlich bei ihr Kapitän, mußt du wissen.«

»Um so besser«, pflichtete ich ihm bei, »dann bist du ja gut aufgehoben. Ich glaube, es kommen noch mehrere Kapitänsjungen zusammen. Einer ist an Bord, der hat schon einen Schiffbruch hinter sich.«

Es verschlug ihm die Sprache.

»Unser Kapitän ist ganz in Ordnung. Du wirst ihn ja

gleich kennenlernen, wenn du dich an Bord meldest. Dann sind da noch drei Offiziere, nämlich der erste, zweite und der dritte Steuermann. Die kenne ich selber noch nicht genau, sie sind alle erst kürzlich gekommen. Der zweite ist gleichzeitig Funker.«

»Was, gefunkt wird auch?« staunte der Neue.

»Sicher, man hat uns eine Funkstation eingebaut und, um nochmal auf den Arzt zurückzukommen, ein kleines Hospital mit zwei Schwingekojen.«

Von all dem schier überwältigt, konnte er nur noch nikken.

»Ist es noch weit?« fragte er schließlich und trippelte mit kurzen Schritten nebenher, mich seitwärts musternd.

»Wart nur ab«, erwiderte ich gleichgültig, aber ehe ich fortfahren konnte, fing er wieder an.

»Wie gut du dich auskennst, du bist sicher schon länger auf dem Schiff, nicht wahr?«

»Ja«, bestätigte ich ihm, »rund zwei Monate, genaugenommen seit dem ersten Tage, nein, nicht ganz vom ersten Tage an. Von den paar ersten Leuten ist außer dem Kapitän kaum mehr einer hier. Und auch das Schiff ist ein ganz anderes geworden. Am Anfang war das alles ein bißchen wilder Kram, wie man so sagt, aber inzwischen hat sich das alles gegeben. Du wirst es ja selber sehen.«

»Ist es noch weit?« fragte er noch einmal und konnte es kaum erwarten.

»Nein«, sagte ich, »wir sind gleich da.« Und damit bogen wir um die Ecke und betraten die Werft.

Und da stand der lütte Sprengel aus Güstrow in Mecklenburg, fünfzehn Jahre alt, klein und schmächtig. Einziges Kind seiner Mutter, die ihn abgöttisch liebte und schon ihren Mann auf See wußte, hatte alle Brücken hinter sich abgebrochen und war seinem Stern gefolgt. Es war ein dunkler Stern. Wie gut, daß Gott uns nicht die Zukunft sehen läßt. Zwei Jahre später fuhr man den Sarg des lütten Sprengel zum Friedhof. Er starb an einer verschleppten Entzündung und ruht in einem schmucklosen Grab in Peru . . .

Aber an diesem sonnigen Oktobertag stand er noch neben mir, war wie verzaubert und stammelte mit großen Augen:

»Ein Schiff — ein Schiff wie aus einem Bilderbuch, wie schön.«

Da lag der ›Greif‹. Hochbordig ragte der schwarzglänzende Rumpf aus der Geeste und ließ noch einen Streifen des leuchtendroten Bodenanstrichs sehen. Die braunlackierten Deckshäuser guckten über die Verschanzung und trugen auf ihren Dächern die weißen Rettungsboote. Die ockerfarbenen Masten und Rahen strebten mit weißen Spitzen zum Firmament, und die Kupferdrähte der Antenne blitzten in der Sonne. Dazwischen, fein wie Spinngewebe, das Schnürwerk der zahllosen Taue, Brassen, der Stagen und Pardunen: zierlich, reizvoll und zum Klettern förmlich verführend.

Hoch über allem flatterte an der Gaffel des Kreuzmastes die Handelsflagge, schwarzweißrot mit der schwarzrotgoldenen Gösch der Republik. Vorne am Flaggenstock auf der Back der Greifenkopf im blauen Felde, das Wappen der Hafenstadt Stettin. Ein Schiff, ein Segelschiff, ein waschechter Windjammer, von dem nicht nur Sprengel immer geträumt hatte und der nun auch für ihn Wirklichkeit geworden war.

»Wie schön«, murmelte er nochmals vor sich hin und nahm seinen Pappkarton auf, um an Bord zu gehen.
Dort roch es nach Teer, frischer Farbe, neuem Holz und Lack. Überall war es hell und freundlich, nicht zuletzt in den Unterkünften. Die neuen Spindtüren gingen noch schwer auf und ließen sich erst mit Nachdruck schließen. Die Petroleumlampen leckten noch nicht. Das Emailgeschirr war makellos. Die Seegrasmatratzen lagen noch heil, glatt und ohne Mulden in den Kojen. Aber die Flinten und Entersäbel waren verschwunden, und auch die alten Logbücher.
Das Schiff war bereit zur großen Fahrt, doch nur wenige waren auserwählt, sich von ihm tragen zu lassen.
»Freu dich, daß du an Bord bist«, hatte mir der Kapitän mit einem wohlwollenden Lächeln erklärt, als ich zum letztenmal seinen Salon aufklarte, »der ›Greif‹ hat sich nämlich herumgesprochen, und nun wird die Reederei mit Bewerbungen junger Leute direkt überhäuft. Was heutzutage nicht alles zur See fahren will, Junge, Junge, du ahnst es nicht. Aber —«, fuhr er augenzwinkernd fort, »wer zuerst kommt, mahlt zuerst, und Glück muß der Mensch haben, besonders der Seemann.«
Mit seinem großen, glatten Gesicht, den vollen Lippen und der starken Nase hätte man den Kapitän für einen behäbigen Handelsherren halten können, wie er etwa auf den Bildern der alten Niederländer vorkommt. Seitdem er wieder Decksplanken unter den Füßen hatte, schien er sich gewandelt zu haben. Er erschien noch stattlicher, trat noch würdevoller auf, war mit sich und der Welt zufrieden und voll Besitzerstolz. Führte er nicht ein ausgezeichnetes Segelschiff mit einer guten, jungen Mannschaft?!

Dem lütten Sprengel folgte ein Dutzend weiterer Schiffsjungen auf dem Fuße, bis unser fünfzehn zusammen waren.
Da kam Klint, ein gutaussehender, etwas hochmütiger Junge aus dem Kohlenpott.
Die Seemannsschule Hamburg-Waltershof, wo ein Segelschiff mitten auf dem Trockenen stand, schickte zwei Mann: Seppl, einen bayrischen Apothekersohn, und den bedächtigen Heino, der von einem Bauernhof im Oldenburgischen stammte.
Den Hamburger August hatte es aus der Kleinschiffahrt zu uns verschlagen. Mit anderen Worten, er verstand sich auf Klütenewer vom Schlage des ›Zeus‹.
Natürlich blieben die Stettiner in der Überzahl:
Hänschen, dessen Vater Landarzt und Mitbesitzer einer kleinen Reederei von Flußschiffchen war.
Makkers Vater besaß zwar keine Reederei, dafür aber eine 75-Quadratmeter-Segeljacht, namens ›Äolus‹, und eine gutgehende Segelmacherei.
Karl der Dicke sagte nur: »Mein Vater ist Kapitän.« Nichts brachte ihn aus der Ruhe, sein dickes Fell schirmte ihn gegen alles ab.
Der weinerliche Eitel schien seinen vermutlich übertriebenen Erzählungen nach einen sehr lebenslustigen Vater zu haben, der obendrein auch noch Lehrer war.
Erichs Eltern hatten sich getrennt. Während Erich im Hause eines bekannten Internisten aufwuchs, arbeitete sein Vater als Mineningenieur in Südafrika.
Von unfreiwilliger Komik war der lange Hein. Er wirkte rein äußerlich eher wie ein Operettenseemann, schwärmte jedoch für Wagner und Hermann Löns, dem er im Gesicht ähnlich sah. Seinen Reden nach hatte er

nur in feinen Kreisen verkehrt, und einer seiner Vettern war ehemaliger Kampfflieger und Chefredakteur einer rechtsgerichteten Berliner Tageszeitung. Als Kapitänleutnant heiratete Hein später die Tochter des Chefkochs der Kempinski-Betriebe und kam gut durch den Winter. Noch heute halte ich ihn für einen Pfundskerl und Kamerad. Aber das hieße den Ereignissen vorgreifen.

Damals begrüßten ihn einige unserer Matrosen, mit denen er die Schulbank gedrückt hatte, lauthals und doppelsinnig: »Ei, wer tommt denn da — der Makropodenhäuptling! Wie geht's deinem Aquarium?«

Der Junge Helmuth sah sich das alles an und äußerte nur kopfschüttelnd: »Kinder, Kinder, gebt bloß nicht so an.«

Der lange Spieß aber schrie: »Mein Vadder is längst dot, und meine Alte hat einen kleinen Schokoladen-Laden.«

»Was du nicht sagst«, rief ein anderer dazwischen, »was ist aber, wenn wir Krieg kriegen, wo nehmen wir das Heer her, wie machen wir die Flotte flott —«, und wollte sich ausschütten vor Lachen.

Spieß sah sich nur finster im Kreise um und krempelte sich unmißverständlich die Ärmel auf. »Ich werd euch mal was sagen — wem das nicht paßt und wer sich an mir stößt, mit dem will ich gleich und auf der Stelle gerne einen Gang machen.«

Er ließ sich schnell beruhigen und war überhaupt ein lustiges Original, das bei jeder Gelegenheit mit ständig wiederkehrenden, aber völlig beziehungslosen Redensarten um sich warf, wie »Und Onkel Fritz, der schrie janz laut, mir hamse meine joldne Uhr jeklaut« oder

» — und nun der Liebesbrief von der dicken Aujuste aus der Pelzerstraße«.
Matrosen, Leichtmatrosen und die übrigen werden wir noch kennenlernen. Alle diese jungen Leute hatten ein gemeinsames Ziel: Schiffsoffizier und Kapitän zu werden, und mußten laut Gesetz vierundzwanzig Monate auf Segelschiffen gefahren haben.
Die gesamte Besatzung umfaßte schließlich 43 Mann. Neben dem Kapitän drei Steuerleute (oder Offiziere, wenn man so will) und den Schiffsarzt, einen Dr. med. aus München: diese wohnten im Achterschiff und hießen in der Seemannssprache ›die Achtergäste‹. Dann gab es einen Bootsmann, einen Segelmacher, einen Schiffszimmermann und einen Schmied. Ferner der Koch mit seinem Kochsmaaten und den vorerwähnten Kajütensteward. Dazu die eigentlichen seemännischen Chargen: sechs Vollmatrosen, sechs Leichtmatrosen und vier Jungmänner, unter diesen einen Neffen des Kapitäns. Ganz am Tampen kamen wir.
»43 Mann — ist das nun viel oder wenig für ein Segelschiff von der Größe des ›Greif‹?« fragten wir die Älteren.
Die Antwort lautete:
»Wie man's nimmt. Ihr kennt gewiß das Sprichwort von den eisernen Matrosen auf hölzernen Schiffen und umgekehrt.«
»Kennen wir.«
»Nun, wie so vieles hinkt auch dieser Vergleich. Ein im Verhältnis zum ›Greif‹ winziges hölzernes Klipperschiff fuhr noch mit hundert Leuten zur See. Die großen, eisernen Windjammer der letzten Jahrzehnte fahren noch nicht einmal die Hälfte der Mannschaften. Das

heißt, daß diese die volle Arbeit der früheren, sogenannten eisernen Matrosen leisten müssen und noch mehr dazu.«

»Aha —!«

»Was heißt aha! Für ein Schulschiff, wie man es sich immer vorstellt, ist der ›Greif‹ nicht gerade stark bemannt, dafür lernt der einzelne aber auch mehr. Es ist schon besser so, als wenn ihr euch gegenseitig auf die Füße treten würdet. Zusammengenommen sind 43 Mann für dieses Schiff genug. Jeder muß sich natürlich am Riemen reißen, und keiner darf sich drücken ...«

»Aber das werden wir euch schon austreiben«, setzte der Informant lächelnd hinzu, »laßt uns nur erst auf See sein.«

Du meine Güte, ich brauchte nur an den ›Zeus‹ zu denken. So schlimm konnte es nun wirklich nicht sein. Sollten die Dinge nur ruhig auf uns zukommen, wir würden schon damit fertig werden.

*

Ende Oktober traten wir der Reihe nach vor den Beamten des Seemannsamtes. Feierlich setzten wir unsere Namen in die Musterrolle des Segelschiffes ›Greif‹, Heimathafen Stettin, Unterscheidungssignal JBDV, und verpflichteten uns schriftlich ›zum Schiffsdienst auf dem obengenannten Segelschiffe nach Maßgabe der deutschen Seemannsordnung für unbestimmte Zeit auf großer Fahrt. Das Schiff ist als Schulschiff zugelassen. Die Leichtmatrosen, Jungmänner und Schiffsjungen — insgesamt 25 Mann — gelten als Zöglinge. Als solche erhalten sie die Hälfte der ihren Dienstgraden entsprechenden tariflichen Heuer ...‹

Tarifheuer für Schiffsjungen war damals elf Mark im Monat. Die Hälfte davon, sage und schreibe, fünf Mark und fünfzig!

Spieß schrie: »Das war der Liebesbrief von der dicken Aujuste aus der Pelzerstraße!«

August maulte: »Ich habe auch schon mal mehr Geld verdient.«

Je nun, man konnte den Anzug drehen wie man wollte, das Gesäß blieb immer hinten. »Verdienen? Lerne lieber erst einmal was, und sei froh, daß du hier nichts zu bezahlen brauchst und noch etwas Taschengeld obendrein bekommst. Lehrjahre sind schließlich keine Herrenjahre.«

Was die Reise betraf, so wußte noch niemand, wann sie beginnen, geschweige denn, wohin sie führen würde.

Herr im Logis – Topp und Takel – Verlorene Dollars – Schweinebraten, Grog und Tannengrün

Für uns Schiffsjungen hatte man ein zusätzliches Deckshaus gebaut. Es lag achtern bei der dritten Luke, so daß schon ein gewisser räumlicher Abstand von den anderen Leuten gegeben war. Die Decke des Hauses bildete die Brückenplattform für den Peilkompaß, trug Kästen mit Schwimmwesten und wurde von den beiden großen Rettungsbooten flankiert. Die Schwelle der beiden ins Freie führenden massiven Teakholztüren saß wie üblich des Wassers wegen ungefähr einen Fuß hoch über Deck. Man mußte schon die Beine gehörig anlüften, um darüber hinwegzusteigen. Der lange Hein vergaß es am ersten. Eine Schüssel mit Abwaschwasser in den Händen und selbstversunken vor sich hinsummend, fiel er sozusagen mit der Tür ins Haus und begoß seinen neuen Arbeitsanzug von oben bis unten.

Im Grundriß stimmte unser Haus mit dem Matrosenlogis so ziemlich überein. Ein Meßraum mit Bänken und einem im Boden verschraubten Eßtisch verlief querschiffs von Wand zu Wand. Dahinter auf jeder Seite ein Schlafraum mit je acht, zu zweien übereinanderliegenden Kojen. Ich griff mir an Steuerbord eine Oberkoje. Sie lag ebenfalls querschiffs, und durch ein Bullauge konnte man das lange Großdeck überschauen. Für

jeden war ein Spindchen vorhanden, für alle ein Kleiderspind, zum Wegstauen der Landgangsanzüge. Dort hinein kam auch der Geigenkasten.
Vor die Kojen hängten wir billige Stoffgardinchen, bunte und großgeblümte Muster. Ihre freundlichen Farben sollten auf dem Meere die Szenerie ersetzen. An den Kojenwänden klebten die Fotos von Angehörigen, hier und da im trauten Verein mit Modeschönheiten aus Zeitschriften. Auf den Abstellregalen griffbereite Kleinigkeiten wie Bücher, Tabakspfeifen, Spielkarten, Zahnbürsten und die alle vierzehn Tage verabfolgte Dose gezuckerter Kondensmilch, die in der Regel nur drei Tage vorhielt.
»Die Koje ist so ungefähr der einzige Platz des einfachen Seemanns, der ihm alleine gehört«, lehrte uns der Matrose Hannes, »von mir aus könnt ihr sie euch einrichten, wie ihr wollt. Nur sauber und ordentlich, das bitte ich mir aus.«
Hannes, ein Bulle von Kerl, war gleich zu Anfang mit seinem Seesack bei uns erschienen. Mit einer rauhen Stimme, die jeden Einwand im Keim erstickte, hatte er offenbart: »Damit ihr's alle wißt, ich bin hier der Herr im Hause. Die Schiffsleitung wünscht, daß ich euch beaufsichtige und zur Ordnung anhalte, und was dazugehört.« Im Laufe der Zeit stellte es sich heraus, daß allerlei dazugehörte.
Hannes aber machte es sich gemütlich, glücklicherweise im Backbordschlafraum.
Hannes war vorher mit der Bark ›Toni‹ nach Südafrika gesegelt. Seinen Reden nach mußte es ein ganz verfluchter Kahn gewesen sein. Als er dort unten erkrankt war und der Arzt ihm eine besondere Kost, vorzugs-

weise Eier mit Schinken, verordnet hatte, jagte ihn der Kapitän so oft längs Deck, bis er von selbst wieder zu Kräften kam. Siehst du, sagte er dann, es geht doch nichts über die Bewegungstherapie. Von Stund an war Hannes auch ein überzeugter Anhänger der Bewegungstherapie geworden.

»Das kann ja gut werden«, meinte Hans-Günther stirnrunzelnd.

»Junge, wat'n Kerl«, staunten die Kleinen wie Helmuth, Sprengel und Hänschen bewundernd, wenn Hannes seine Muskeln spielen ließ, »der kommt gleich nach dem athletischen Koch, wer mag wohl der Stärkere von beiden sein?« Das war ein schmeichelhafter Vergleich; denn der tätowierte Koch hatte in der kanadischen Marine gedient, war ein großer Ringer vor dem Herrn und ließ auf seinen wulstigen Armen die Messer tanzen.

Die Großen, vor allem Spieß, schnaubten verächtlich durch die Nase: »Am liebsten würden wir ihn mal verhauen.« Und einer verstieg sich zu bemerken: »Was meint ihr, wenn er mal wieder mit uns boxt, haue ich ihm eine auf die Nase, daß ihm Hören und Sehen vergeht.«

Aber als ich selbst bei einer Boxlektion mit Fäustlingen nahe dran zu sein glaubte, fuhr er mir mit seiner Tatze vierkant ins Gesicht, daß ich die Engel im Himmel singen hörte und vom Platze geführt werden mußte. Die Lehre daraus: der Schiffsjunge muß erst noch geboren werden, der einem ausgewachsenen Vollmatrosen ungestraft eine langen darf.

Ja, es schien uns schon ein Kreuz zu sein. Hannes ließ sich hinten und vorne bedienen. »Los, lauf und hol mir Waschwasser«, oder »putz mal eben meine Stiefel«, oder »bring mal eben den Brief zum Kasten, aber beeile dich«, bis zum »mach mal eben meine Koje.« Aber nehmt alles nur in allem, es war doch viel besser als auf dem ›Zeus‹ mit seinem tüchtigen Bestmann. Dabei war Hannes schließlich gar nicht mal so übel. Er vertrat nicht nur das Prinzip der rohen Kraft, sondern war uns auch geistig überlegen.

»Nach dieser Reise gehe ich auf Steuermannsschule«, verkündete er lautstark. Was er dann auch wirklich tat.

Nur des langen Heins Annahme von einer geistigen Verbundenheit mit den Älteren, erlitt heftigen Schaden.

»Wie kommt es nur«, jammerte er, »daß die gleichen Matrosen, mit denen ich noch vor nicht langer Zeit die Schulbank drückte, sich heute so erhaben dünken? Wo bleibt da die Kameradschaft? Und wie darf mich ein so abscheulicher Dreschflegel wie Hannes so schikanieren. Immer muß ausgerechnet ich die schmutzigsten Dinge verrichten.«

»Das ist nun mal die rauhe Schule des Lebens«, tröstete ihn Hans-Günther salbungsvoll, »und einer muß es ja machen, also warum nicht du?«

»Ich werde dir gleich helfen, von wegen schikanieren«, grollte es dumpf, und Hannes, der die letzten Worte aufgefangen hatte, gab ihm einen Rippenstoß.

»Au — au —«, schrie Hein und verzog sein Gesicht, »meine Wanderniere!«

»Was hast du?« fragte Hannes verblüfft zurück.

»Eine Wanderniere«, wiederholte Hein mit traurigem Blick.

Wir sperrten Mund und Nase auf. So was war uns doch noch nicht begegnet, eine Wanderniere! Und Hein zog mit der Miene einer gekränkten Unschuld erhobenen

Kopfes ab. Was nicht dazu beitrug, die freundlichen Gefühle zwischen ihm und Hannes zu erhöhen.

Wie gesagt, wir bewunderten Hannes im stillen und hätten ihn im gleichen Atemzuge am liebsten verhauen. Doch vorläufig verhaute er noch immer uns, und es sah nicht danach aus, daß sich das jemals ändern könnte.

Am besten kam wohl der Windhund von Eitel mit Hannes aus. Hannes hatte eine Schwäche für junge Mädchen und, kaum an Bord, verliebte er sich Hals über Kopf in das Töchterchen des Werftpförtners, wobei Eitel mit manchem Briefchen den anstelligen Boten zu machen wußte. Bis Hannes dahinterkam, daß Eitel ihn bei seiner Angebeteten auszustechen versuchte. Aus war es mit der Freundschaft, und zu Heins Erleichterung verrichtete nun der Nebenbuhler eine Zeitlang die schmutzigsten Arbeiten.

Nun, so arg schmutzig ist es auf einem Segelschiff wiederum nicht. Ein Schiffsjunge muß vielleicht bei den groben Arbeiten des Kochs mithelfen. Schleppt Kohlen für den Kombüsenherd heran, füllt den Wasserkessel oder schält Kartoffeln. Selbst das Reinigen der Mannschaftsklosetts, deren blaugemusterte Becken (mit einem Pariser Firmenzeichen) vorne unter der Back lagen, war ein einfaches Durchspülen mit einer Pütze Seewasser.

»Ein geschickter Handwerker hält sich sauber«, pflegte der sehnige Erste Steuermann zu sagen, »Teer und Farbe gehören aufs Schiff und nicht auf den Anzug der Matrosen. Merkt euch das mal.« Und dabei musterte er mit kritischer Miene unsere unterschiedlichen Arbeitskittel; die dicken Troyer, die alten Marine- und Soldatenröcke, die weiten Gürtelhosen mit dem feststehenden Scheidemesser, womit wir alles mögliche schnitten, vom Tauwerk bis zum Brot. Zusammengenommen, eine in den Krisenjahren zusammengesuchte Ausstattung, von der die Betreffenden dachten, sie sei für ein Segelschiff noch gerade gut genug.

»Damit ihr euch in der Takelage zurechtfinden lernt, solange wir noch im stillen Hafen liegen, klettern wir von jetzt an ein bißchen umher. Morgen beginnen wir die Segel anzuschlagen, das trifft sich gut. Da könnt ihr zeigen, was ihr könnt. Also, alle Mann enter auf.«

Hannes nahm uns beiseite. »Das will ich euch sagen«, schärfte er uns ein, »macht keine Dummheiten. Es ist ein Brauch von altersher: Eine Hand für dich und eine für das Schiff. Vergeßt über dem Arbeiten nicht, euch festzuhalten. Oder umgekehrt, über dem Festhalten das Arbeiten nicht.«

*

Anderntags ging es hinauf. Wir konnten es kaum erwarten.

Das Aufentern ist das erstemal nicht so einfach, wie es sich anhört. Die Masten überragen das Deck bis zu fünfzig Metern. Sie sind nicht aus einem Stück, sondern aus dreien zusammengesetzt und abgesteift. Unten sind es dicke Stahlrohre, die zwei Mann knapp umfassen können. Nach oben verjüngen sie sich in die stählerne Marsstenge und in die hölzerne Bramstenge. Wieder war es Hannes, der uns belehrte.

»Die Strickleitern heißen hier Jakobsleitern. Unten haben sie noch hölzerne Sprossen. Weiter oben sind sie aus Tauwerk und nennen sich Webleinen. Egal ob Holz oder Tauwerk, man hält sich unter keinen Umständen an ihnen fest; denn sie könnten brechen oder reißen, ihr fallt hinterrücks über Bord oder brecht euch den Hals an Deck, und weg seid ihr. Immer nach den Seiten greifen, die dicken versteiften Drähte geben euch einen guten Halt.«

Mit einem halben Klimmzug schwingt man sich auf die hohe Verschanzung. Schon hat man die ersten Sprossen zu fassen, die Spreizlatten. Das Ganze ist noch so breit, daß hier drei Mann nebeneinander aufentern können. Und sie klettern, an der dicken Großrah vorbei, bis nach zwanzig Metern der Untermast aufhört und die Jakobsleitern spitz zusammenlaufen. Alles drängt sich, wie ein Überfall hängt eine Art halbrunder Platte über uns, über die wir herum und weiter nach oben müssen. Vor mir klettert Seppel.

»Sakra, wie im Gebirge«, ruft er, greift irgendwohin, hängt zwei, drei Schritte schräg auf dem Rücken, richtet sich wieder auf und steht schon auf der hölzernen Plattform der Marssaling. Uff, das wäre geschafft!

Wieder geht es ein Stückchen höher, an den beiden Marsrahen vorbei. »Nicht nach unten gucken, immer nach oben in den Himmel, wir sind gleich da!«

Jetzt haben auch die hölzernen Sprossen aufgehört. Das Tauwerk gibt etwas nach und hängt durch, das Klettern ist nicht mehr ganz so leicht. Nur zwei Mann haben nebeneinander Platz. Ihr Tempo wird merklich langsamer, sie fangen schon an zu pusten. Bis wieder ein Überfall kommt, diesmal kleiner und flacher, die Bramsaling. Darüber hinaus hat nur noch einer Platz, und hintereinander nehmen wir die letzten Meter bis zum Gipfel des Flaggenknopfes, die Bramrahen unter uns lassend. Bis zum Gipfel? O nein, das ist noch eine Spanne über uns, aber die Jakobsleiter hat trotzdem

aufgehört. Dort oben ist alles freies Rundholz bis auf dünne Pardunen und das Fall der Royalrah — der Rah mit dem königlichen Namen, weil sie am höchsten sitzt und das feinste Segeltuch trägt.
Wir befinden uns nun sozusagen auf dem Dach. Unter uns, jeweils Stockwerke tiefer und eine immer breiter als die andere, hängen die Rahen in der leeren Luft. Ganz zu unterst die stählerne Großrah, zu beiden Seiten weit über die Bordwand ragend und so dick, daß man auf ihr liegen könnte. Aus der Vogelperspektive erblicken wir zum erstenmal das Deck des Schiffes, von hier oben lang und schmal anzuschauen. Einer unserer Matrosen nannte es »die reinste Waschbalje«, ein Ausdruck, der uns erst viel später klarwerden sollte.
Ganz vorne ist es von der erhöhten Back überbaut, mit Ankerkran und Gangspill, ganz hinten vom Achterdeck, auch ›Puup‹ genannt. Dazwischen die drei Ladeluken; das große Deckshaus mit den Unterkünften der Matrosen, der Handwerker, mit der Kombüse und einem kleinen Hilfskessel für die Ladewinde, dem ›Donkey‹. Wir sehen den schmalen Laufsteg, der die Plattform unseres Hauses mit dem Achterdeck verbindet. Dort hinten, wie ein Würfel, das hölzerne Kartenhaus, das große Oberlicht des Kapitänssalons. Und ganz hinten das große Steuerrad oder Ruder, ebenfalls aus Teak und zusammengehalten von Messingbeschlägen, in die noch ›Wiscombe Park Liverpool 1892‹ eingraviert ist.
Zu beiden Seiten des Großdecks verläuft wie ein Rahmen die Verschanzung, schulterhoch und die Innenkante von einem klobigen Hartholzwinkel besäumt: der Nagelbank. Sie ist durchlöchert, und in ihr stecken die zum Belegen der Tauenden dienenden hölzernen, eisernen

und kupfernen Bolzen: die Coffénägel. Weit über hundert. Man sieht, wie feine Linien, die einzelnen Nähte der Decksplanken. Das alles sieht man, wenn man sich Zeit läßt, aber —

»Nun stiert nicht so durch die Gegend!«

»Faßt gefälligst schon mit an!«

»Seht zu, daß ihr auf die Rahen kommt.«

»Dalli, dalli, hierher!«

»Mach nicht solch ängstliches Gesicht, du langer Lulatsch!«

»Du bist der Kleinste, geh man ganz weit nach draußen, wirst schon nicht fallen.« O weh!

Die ungeduldigen Stimmen der Matrosen trieben uns an. Ihre Fäuste schubsten uns hierhin und dorthin, von den Masten fort und auf die Rahen hinaus, daß einem die Knie zitterten. Alle waren sie mit oben: Sigi, Hannes und Franz, Arthur und Moppel, die Leichtmatrosen und sogar der dritte Steuermann, selbst noch ein junges Kerlchen mit einem verschnupften Gesicht. Und auf einmal merkte auch der lange Hein, was seine Altersgenossen auszeichnete und sie von ihm trennte. Nicht mangelnde Kameradschaft etwa, vielmehr waren es die Sicherheit und das handwerkliche Können des gelernten Segelschiffsmatrosen. Sie waren hier oben zu Hause, während wir erst zaghafte Gehversuche unternahmen, gelinde gesagt.

Da wurden die schweren neuen Segel von unten über eine Rolle hochgeheißt, von uns ergriffen, zu den Enden der Rahen auseinandergezogen und mit tausend Tricks und noch mehr Bändsels ›angeschlagen‹. Da saß jeder Handgriff, da war alles zweckmäßig und erprobt. Und wenn sie ihren Platz gefunden hatten, wurden sie zu guter Letzt noch zusammengerollt und mit dünnen Leinen, den Zeisings, auf der jeweiligen Rah festgezurrt. Rund zwei Dutzend zusammengenommen, was immerhin Tage dauerte. Der einzige Halt, den wir hatten, war ein dünnes verkleidetes Drahtseil, Fußpferd genannt, auf dem wir standen. Und hier und da eine Tauschlaufe, durch die man den Arm stecken konnte. Was hatte Hannes doch noch gesagt: »Eine Hand für dich und eine Hand für das Schiff.«

Hannes sagte noch mehr. »Hört mal alle gut zu. Ihr braucht euch durchaus nicht stark zu fühlen. Es ist nämlich kein Kunststück, sich am Tage in den Toppen zurechtzufinden. Aber nachts, wenn es so pickenduster ist, daß du die Hand vor Augen nicht siehst, ist das schon was anderes. Glaubt ihr das?«

»Gewiß, Hannes, das können wir uns schon vorstellen.«

Er nickte befriedigt. »Und weil ihr euch das vorstellen könnt, klettern heute abend bei Dunkelheit alle Mann mal über die Toppen. Eine Seite rauf, die andere Seite wieder runter. Macht ihr mit?«

Klar, wir machten alle mit. Es war nicht viel anders als am Tage, und das Tastgefühl entwickelte sich schnell. Nur, daß es von jetzt an recht oft ›Über die Toppen‹ hieß; mal mit drohendem Unterton und wie zur Strafe, mal herausfordernd in jugendlichem Übermut, und es wurde immer später dabei. Einmal wurde es sogar Mitternacht und Hannes stand schon nicht mehr fest auf den Beinen (wohl aber auf der Jakobsleiter) und auch wir waren nicht mehr ganz bei uns. Doch stopp — ich will nicht vorgreifen. Jedenfalls schadete es uns nicht, machte viel Spaß und gab uns jene Übung, die wir später noch bitter nötig haben sollten.

Nach Feierabend war es ganz gemütlich. Nachdem wir uns gewaschen und Abendbrot gegessen hatten (das Frischwasser kam von einer Pumpe, und von ihr wird noch zu reden sein), hockten wir uns zusammen. Jeweils zwei Mann machten Backschaft, das heißt, sie wuschen das Geschirr ab. Beim milden Schein der Petroleumlampen spielte ich ein wenig Geige, ein anderer Ziehharmonika. Wieder andere droschen Karten, flickten Zeug oder lauschten aufmerksam Hannes' Erzählungen von der wilden Bark ›Toni‹ und sonstigen abenteuerlichen Untersätzen. Einige schrieben eifrig nach Hause, andere Tagebuch. Der fleißigste Tagebuchschreiber war ich selber. Wer Lust hatte, durfte an Land gehen. Doch dazu brauchte man meistens Geld, und das hatte nicht jeder. Mit fünf Mark fünfzig kam man schließlich nicht weit.

*

Eines Abends begann Heino in seinem Spindchen zu kramen. Er schien merklich beunruhigt und beteiligte sich nicht an unseren Gesprächen.

»He, Heino«, rief schließlich der hübsche Klint, »was ist los, wonach suchst du, sind deine fünf Dollars weg?«

Langsam wandte uns der bedächtige Heino sein Gesicht zu, wobei ihm die Röte in die Haarwurzeln stieg. »Es muß wohl so sein«, kam es stockend aus ihm heraus, »sie sind tatsächlich fort.« Und damit sah er uns der Reihe nach forschend an.

»Mach keine Witze«, rief Klint erschrocken.

»Herrgott sakra —!« entfuhr es Seppel.

»Und Onkel Fritz, der schrie janz laut —«, setzte Spieß an, um unvermittelt abzubrechen. Dann wurde es so

still, daß man die berühmte Stecknadel hätte zu Boden fallen hören können. Verlegenes Schweigen —
Jedermann wußte um Heinos fünf Dollar. Er hatte sie von seinem Vater als kleinen Zuschuß ins Ausland mit auf den Weg bekommen und sie in sein Spind gelegt. Unsere Spindchen aber standen alle offen, man brauchte nur hineinzulangen.
»Auf Segelschiffen werden keine Spinde verschlossen«, hatte Hannes gleich zu Anfang erklärt und uns damit aus dem Herzen gesprochen, »das wäre ein grober Mißtrauensbeweis. Wir sind alle Kameraden, mehr noch als Soldaten, bei denen ja wohl ein offenes Spind als eine Verleitung zum Diebstahl gilt.«
So hatten wir es denn bisher auch gehandhabt und waren froh darüber. Aber die fünf Dollars wurden trotzdem vermißt. Vor Aufregung schliefen wir nicht ein. Was würde Hannes unternehmen?
Als Hannes von Land zurückkam und die Bescherung erfuhr, verlor er keine Minute mit Gegenmaßnahmen. Schließlich und endlich ging es hier nicht nur um bloße fünf Dollars. Es ging hier um das in Frage gestellte Prinzip von Treu und Glauben, das für das Zusammenleben auf langen Reisen eben unerläßlich ist.
»Bist du gestern ausgewesen?« nahm er erstmal den Heino selbst ins Gebet. Der schüttelte nur langsam den Kopf.
»Ich bin seit letzten Sonnabend überhaupt noch nicht wieder an Land gewesen, das weißt du doch.«
»Ich weiß gar nichts«, blaffte Hannes zurück, »ich weiß nicht einmal, ob du das Geld nicht selbst verloren hast. Wo warst du übrigens am letzten Sonnabend?«
»Im Kino«, sagte Heino, »es gab die ›Herrin der Welt‹.«

»Und du warst anschließend nicht noch in eurer Stammkneipe mit Peter Voß, denk doch mal nach. Können sie 's dir nicht in Tünnes' Volksbühne geklaut haben oder im Stadttheater schon, vorige Woche, als ihr alle im ›Fliegenden Holländer‹ wart?«

Vergeblich, Heino versicherte immer wieder, er sei nicht dort gewesen und habe die Dollars überhaupt nicht mitgehabt.

»Laß doch mal dein Spind sehen.«

Und damit wühlte Hannes in Heinos Sachen herum. Da lagen Arbeitshemden und Unterzeug, da lagen auch die Oberhemden. Das heißt, es waren gar keine Oberhemden, sondern nur ein Stückchen Vorhemd, das gerade den Jackenausschnitt bedeckte, wie ein Lätzchen umzubinden und mit einem angelöteten Schlips. Tausend Kleinigkeiten lagen da, wie man sie braucht, sauber und ordentlich, nur keine fünf Dollars. Die fehlten. Nach einer Weile tiefen Nachdenkens empfahl Hannes: »Laßt uns das alles erst einmal überschlafen, gute Nacht!« Ihm würde zur rechten Zeit schon etwas einfallen. Den Kapitän wollte er mit dieser Lappalie erst gar nicht belästigen, das litt unser Stolz nun wieder nicht.

Nach zwei, drei Tagen wurde der Dollardiebstahl Gesprächsstoff des ganzen Schiffes. Ein von Hause aus gutgestellter Leichtmatrose meldete sich bei Hannes und bezeugte vertraulich, daß ihm kürzlich der Schiffsjunge August aufgefallen sei. Dieser habe teure ausländische Zigaretten gekauft und in einem stadtbekannten Tingeltangel versucht, die Damenkapelle freizuhalten. Für einen minderbemittelten Schiffsjungen immerhin eine recht kühne Freizeitgestaltung. Sieh mal einer an, hieß es da flüsternd, der August —! Das war doch der,

der kürzlich beim Anmustern maulte, er hätte auch schon mehr Geld in seinem Leben verdient. Ein junger Mann mit beachtlichen Gewohnheiten, die sich alleine schon dadurch auszeichneten, daß man sie von fünf Mark fünfzig nicht bestreiten konnte.

Hannes machte sich sofort ans Werk, appellierte mit steinerweichendem Pathos an unsere Tugenden und spielte auf den vermutlichen Täter an. Schließlich beschwor er den Sünder vorzutreten und Farbe zu bekennen. »Wer es nicht getan hat, der versprech es mir in die Hand. Der Dieb soll glimpflich davonkommen, vielleicht war es nur ein unbedachter Dummerjungenstreich.«

Der lange Hein trat als erster vor. Mit gespanntem Gesicht schaute er Hannes fest ins Auge. Dessen Tatze umklammerte Heinis Hand wie ein Schraubstock. »Bist du es etwa gewesen, dann sag es jetzt.«

»Nein, Hannes, ich war es nicht«, kam es fest zurück.

»Gibst du mir darauf dein Ehrenwort?«

»Jawohl, Hannes, ich gebe dir mein Ehrenwort.«

Noch ein fester Händedruck unter Männern, vorbei, der nächste. Es wechselten Händedrücke und Ehrenworte. Und alle gingen vorbei. Erich, den wir wegen seines dicken Schädels Holzkopf nannten. Der stille Helmuth, ich, Hänschen mit dem Kinderblick und der überlegene Hans-Günther. Der lange Spieß, Seppel mit dem Ringelnatzgesicht, der geriebene Eitel und der dickfellige Korl. Makker Gerhard, der lütte Sprengel und der gutaussehende Klint. Wie würde August sich verhalten? Als die Reihe an ihn kam, glaubte man, ein unsicheres Flackern in seinen Augen zu lesen, doch nur für den Bruchteil eines Augenblicks. Unbefangen wie alle andern trat er vor und beteuerte Hannes seine Unschuld in die Hand. Der nahm es hin, ohne mit der Wimper zu zucken. Im stillen jedoch schwor er ihm fürchterliche Rache: Jungfernkranz! Jungfernkranz wurde zur beschlossenen Sache.

»G-g-geh nochmal eben zum F-f-fleischer«, sagte der in gespannten Augenblicken leicht stammelnde Koch kurz vor Feierabend zu August, »und hole das bestellte Hammelfleisch ab. Morgen gibt es Hammelkohl. Brauchst dich nicht zu beeilen.« Und damit schob er ihn von sich.

August kam spät zurück, es war schon finster. Türen und Bullaugen waren geschlossen, kein Lichtschein fiel an Deck. Das Schiff lag merkwürdig still und verhalten da. Arglos stieg er an Bord und sah sich plötzlich von einem Halbkreis dunkler Gestalten umringt. Im Schein einer aufflammenden Taschenlampe erblickte er eine Bank und das lederbenähte Tauende einer Brasse.

Ein schrecklicher Verdacht stieg in ihm auf, er trat erschrocken einen Schritt zurück, als wolle er fliehen. Aber es war schon zu spät. Einer von uns nahm ihm wortlos die Fleischmulde ab, dann schloß sich der Ring um ihn. Aus dem Gewisper und Geraune erhob sich deutlich ein rauhes Flüstern. »Kein anderer als du hat die fünf Dollar gestohlen«, sagte es ihm auf den Kopf zu, »stimmt's?« August war so überrascht, daß er es ohne Umschweife zugab.

»Allright, ihr habt es alle gehört«, schwoll Hannes' Stimme zu voller Lautstärke an, »dafür, und weil du einen jeden von uns in Verdacht gebracht hast, den Heino nicht ausgenommen, wird dir nun ein jeder von uns fünfe mit dem Tauende überziehen. Fangt an —!«

Kräftige Fäuste rissen den zitternden August über die

Bank, und die ersten Hiebe fielen. Wenn auch die Matrosen nicht mitmachten, so blieben immerhin noch vierzehn Mann übrig — und Hannes, der ihm ein paar überzog, die nicht von schlechten Eltern waren. Nur Heino selbst, der Bestohlene, hielt sich abseits. »Ich will mir nicht die Finger dreckig machen, an so einem Stück.«
Zuerst hat der Delinquent geheult und gebrüllt, dann nur noch gewimmert, und schließlich gab er keinen Ton mehr von sich. Während die Sterne funkelten, spielte Hannes auf dem Quetschkasten, ich begleitete ihn auf der Geige, und alle zusammen sangen wir das schöne Lied vom Jungfernkranz und der veilchenblauen Seide, in dem natürlich alles Wehklagen unterging. Immer nochmal. Die Achtergäste hatten sich im Salon eingeschlossen, ließen sich nicht stören und spielten auf dem Grammophon.
Später, als August auf dem Bauch in der Koje lag und vor sich hinstöhnte, stahl sich leise der dürre Doktor herein. Er war aus München und Derbheiten gewohnt.
»Laß mal halt dein' verlängerten Rücken anschaun«, meinte er munter und setzte schnell hinzu, »was is, weh tut's? A geh, des is gar nix, halt dei Goschen und bleib bis übermorgen liegen.« Und fettete ihm das Gesäß ein.
Aber der Mensch bleibt nach Schopenhauer innerlich immer derselbe, und mit der Volksjustiz ist das so eine Sache. Kaum genesen und dem Steward als Kajütenhilfe zugeteilt, revanchierte sich August, indem er dem dritten Steuermann einen Karton Zigaretten stahl. Nun mußte auch der Alte Augusts Untaten zur Kenntnis nehmen und warf ihn fristlos hinaus. »Bei mir kommst du damit nicht durch, mein Lieber!«

Von Stund an waren und blieben wir vierzehn Jungen, das machte später sieben für jede Wache. So war nicht nur die Ordnung, sondern auch das Gleichgewicht hergestellt.

*

Und so beiläufig lernten wir das Vollschiff ›Greif‹ vom Kiel bis zum Flaggenknopf kennen. Wir setzten die Segel zur Übung und, wenn es geregnet hatte, zum Trocknen, damit sie nicht verspakten. Wir rissen an einigen hundert Fallen, Schoten, Geitauen, Gordings, Preventer, Dumper, Toppnanten, Brassen, kurzum, an einigen hundert Tampen, die sachte unser junges Leben zu durchziehen begannen. Der Herbst brachte Stürme und Sturmfluten. Die halbe Werft stand unter Wasser. ›Greif‹ zerrte an seinen Leinen, und durch die drei Masten heulten die Böen. Mit dem Laub fielen auch die Kalenderblätter. Das Weihnachtsfest stand vor der Türe.

»Fährst du die Feiertage über nach Hause?« fragte ich Hans-Günther. Der schüttelte seinen dunklen Krauskopf. »Die paar Tage lohnen nicht die lange Bahnfahrt. Und du —?«

»Na, ich glaube, man wird mich nicht sehr vermissen — dort.«

»Kopf hoch, Fietje«, rief er lebhaft und schlug mir auf die Schulter, »weißt was? Wir machen uns einen Grog und tüdeln uns 'nen lütten an.«

»Is nich schlecht.«

Bis auf einige wenige, die von Hause aus einen kleinen Zuschuß bezogen, hatten wir nicht das teure Fahrgeld. Alle Überlegungen wurden ohnehin gegenstandslos, als

Hannes plötzlich aufgeregt erklärte: »Der Kapitän gibt keinen Urlaub, es ist möglich, daß wir noch vorm Fest in See gehen.«
In See gehen? Hipp, hipp, hurra. Wir waren begeistert.
»Erzähl doch, Hannes, wohin soll's gehen?«
Der legte den Finger an die Lippen. »Nur unter dem strengsten Siegel der Verschwiegenheit, gebt mir euer Ehrenwort.«
Er bekam unser Ehrenwort.
»Ich habe es vom Steward aufgeschnappt. Wahrscheinlich geht's nach Wladiwostok, um eine Ladung Sojabohnen zu holen.« Mann, das war prima, Ostasien! Wir dachten nicht mehr an die kommenden Feiertage. Bloß raus hier und in die äußere Mongolei oder wo das Nest lag. Hauptsache, wir sind erstmal auf See.
Am nächsten Tage lautete es schon wieder anders. Wir gaben ein neues Ehrenwort. »Also, unter uns gesagt: ich hörte vom Dritten so etwas, als ginge es nicht nach Wladiwostok, sondern nach Indien, wir übernehmen dort Reis.« Was du nicht sagst, das ist ja fast noch besser. Die Geheimnisse Indiens werden wir sehen. Heilige Kühe, Parias, Pagoden, Papuas, halt —nein, Papuas waren ja schon Südseeinsulaner. Ach was, ganz egal, irgend was Tolles, Aufregendes werden wir schon zu sehen kriegen.
Ein paar Tage später war es wieder eine Ladung Salpeter von der Westküste.
»Oh, die gute alte Westküste Südamerikas! ›Die‹ Westküste: Talcahuano, Valparaiso, Iquique, Antofogasta, die Salpeterminen und so weiter. Dann waren es weder Sojabohnen von Ostasien noch Reis von Indien, noch Salpeter von der Westküste. Diesmal war es vielmehr

Baumwolle von New Orleans. New Orleans, der tiefe Süden, Onkel Toms Hütte, die Ernte auf den Cottonplantagen. Und so fort.

Auf einmal war es Weihnachten.

Meine Güte, diese Enttäuschung. Immer noch nicht auf See. Später lernten wir die Dinge mit anderen Augen anzusehen und hätten wer weiß was darum gegeben, Weihnachten im Hafen feiern zu dürfen. Indessen, Schiffe sind zum Geldverdienen bestimmt und nicht, um die Feiertage im Hafen zu vertrödeln, wo sie nur Geld kosten. Am Heiligen Abend werden sie in See geschickt, und an den hohen Festen bezahlt der Seemann dafür, daß ihm die Welt offensteht. Also, laßt uns noch in Geestemünde Weihnachten feiern. Wir werden uns, wie jeden Tag, in die wenigen Blechschüsseln teilen oder uns auf spartanisch harte Weise in einer Holzpütze auf dem offenen Deck unter freiem Himmel waschen. Dann noch Reinschiff für die Feiertage, Deckschrubben, ein wenig Messingputzen an Kompaßkuppel, Türschildern, Klinken und Beschlägen. Allgemeines Aufklaren und Aufschießen der einzelnen Tampen. Noch einmal wird der Erste prüfend über Deck gehen und mit seinen scharfen Augen alles überfliegen. Dann heißt es »Ausscheiden«!

So geschah es.

In unserm ›Haus‹ mischte sich der Duft des Tannenbaums mit der Wärme der Kerzen. Die Wände waren mit Signalflaggen festlich drapiert. Tannengrün umrahmte die Kojen und ihre Bilder. Wir selbst bewegten uns in einer wahren Wolke von Haarpomade, Mottenpulver, billiger Seife und verschlangen zum Abendbrot erhebliche Mengen von Schweinebraten mit Rotkohl.

»Alle Mann achteraus!« hieß es da.

Diesmal genossen die Schiffsjungen den Vortritt und füllten den zum Salon führenden Durchgang, während sich die Matrosen gleichmütig zurückhielten. Im Hintergrund türmten sich ganze Berge von Paketen. Dazwischen die über steifen Kragen schwitzenden Gesichter der Achtergäste, bemüht, den richtigen Empfänger herauszufinden. Der Steward, in einer weißen Jacke des Norddeutschen Lloyd, füllte heißes Wasser in dicke Gläser. Der Kapitän glühte bis an den kahlen Schädel in pickwickscher Selbstzufriedenheit, und überhaupt sah man es allen an, daß sie erfrischenden Getränken hochprozentiger Natur nicht ablehnend gegenübergestanden hatten. Mildes, rauchiges Licht brach sich in der schönen Täfelung des Salons, und Grammophonklänge untermalten die Stimmung: der ›Finnländische Reitermarsch‹ und ›Es läuten die Glocken, der Lenz ist da‹. Eine zwar verblüffende Darbietung, die aber der Gelegenheit immer noch am nächsten kam.
»De hebbt woll all' schon 'n lütten sitten«, hörte man einen Matrosen flüstern. Warnendes Gemurmel deckte die vorwitzige Bemerkung zu. Die Reihe der Wartenden rückte langsam vor. Nachdem die Glocken des Grammophons zweimal geläutet hatten, wurden uns die Pakete der Angehörigen ausgehändigt. Wie sich ergab, enthielten sie die üblichen kleinen Dinge und die so begehrten Süßigkeiten: Zucker, Marmelade, Dosenmilch, Bonbons und dergleichen. Nach der Musik entstand eine Verlegenheitspause.
Der Doktor schaute fragend auf den Alten. Der winkte ab und deutete auf den Ersten. Der schüttelte den schmalen Kopf und wendete sich zum Dritten, der ganz verdutzt dasaß. Und dann guckten sie alle auf den Zweiten,

der sich ein Herz zu fassen schien und nach der schweren Schiffsbibel griff, die plötzlich auf der Salontafel zwischen den Gläsern lag. Seine Finger suchten Lukas zwei: Es begab sich aber zu der Zeit, daß ein Gebot von dem Kaiser Augustus ausging. Vielleicht hatte er sich in seiner Verwirrung im Text vertan; denn er sprang gleich mitten hinein und begann:

»... und es waren Hirten in derselben Gegend auf dem Felde bei den Hürden, die hüteten des Nachts ihre Herde. Und siehe, des Herrn Engel trat zu ihnen ...«

Anfangs noch stockend und leise, wurde seine Stimme mit jedem Wort fester: »... denn euch ist heute der Heiland geboren.« Wie er so las, überflog sein ehrliches bayrisches Bauerngesicht ein inneres Leuchten, das uns seltsam rührte und überzeugte. Und als er zu der Stelle kam »alsbald war bei dem Engel die Menge der himmlischen Heerscharen«, fielen wir alle andächtig ein:

»Ehre sei Gott in der Höhe, und Friede auf Erden, und den Menschen ein Wohlgefallen.«

»Ehre sei Gott auf dem Meere«, nickte der Alte.

»Gloria in excelsis Deo«, sagten die Katholiken.

»Amen —«, schloß der Zweite laut und klappte die Bibel zu.

Der Steward kam wieder mit heißem Wasser.

Wir stahlen uns still hinaus, und selbst die Matrosen waren ganz gegen ihre Gewohnheit ein wenig nachdenklich geworden.

Später gab es noch gute Worte, Kuchen und Grog, den die Matrosen wiederum mit der nörgelnden Bemerkung abtaten, daß man danach »Weit kieken und sachte laufen könne«. Und doch wurde es urgemütlich. Aus den Unterkünften drangen fröhliches Glächter und lautes

Singen. Hannes verstieg sich zu »Nach der Heimat möcht ich wieder, nach dem teuren Vaterhaus«, und der lange Hein versuchte sich als Ritter Lohengrin. Am Ende aber siegten doch die alten Weihnachtsweisen.
Draußen begann es allmählich zu schneien, immer dichter, und die Welt versank in Lautlosigkeit. Friede auf Erden!

*

Es wurde kalt. Mit den sinkenden Temperaturen fiel auch die allgemeine Stimmung an Bord. Die Takelage war von Rauhreif und Neuschnee verkrustet und nahm sich von weitem wie Filigran aus. Silvester mit Punsch, Blaufeuer und Raketen. Bei den tiefen Klängen der großen Schiffsglocke auf der Back, die achtmal für das verflossene und achtmal für das neue Jahr anschlug, reichte man sich die Hände. Plötzlich, auf dem Höhepunkt der Stimmung, hieß es wieder übermütig »Los, alle über die Toppen!« Und so kam es, daß wir zu mitternächtlicher Stunde aufenterten, wie ich schon erzählte. An Backbordseite hoch, an Steuerbord wieder herunter.
Noch immer sanken die Temperaturen. Spät abends, wenn der kleine eiserne Ofen zu bullern aufhörte und wir schliefen, kroch von draußen die Kälte herein. Ich wickelte mich in meine alte Steppdecke und steckte den Kopf tief in das klumpige Federkissen. Von der Holzverschalung floß das Schweißwasser herunter, und eines Morgens war der karierte Bettbezug an der Bordwand mit Eiskristallen bedeckt.
Die Segel bekamen wir kaum noch los. Und Schneefegen, nichts als Schneefegen.

Auf nach Australien! – 84-Stunden-Woche – Pumpe an der Kette – Lichter und Schatten

Vollschiff ›Greif‹ hatte im Geestemünder Handelshafen festgemacht und schluckte Kiesballast, den ein Kran in die offenen Luken kippte. Bis an Deck hörte man das Schaufeln der Mannschaften, die ihn unten im Raum verteilten und mit Planken und Kettenlaschings sicherten. Sie dampften vor Eifer. Der Erste beugte sich hinunter: »So ist's recht, Jungs, haut tüchtig rein und zurrt das Zeugs gut fest, damit es uns auf See nicht verrutscht.«

Der dicke Korl und ich machten unter Aufsicht des Dritten die Rettungsboote klar. Legten das Inventar hinein, die Riemen, Dollen, Mast und Segel; füllten die Sturmlaterne mit Petroleum, den Blechkanister mit Hartbrot, das Wasserfäßchen; sahen den Kompaß nach, das Kappbeil, den Bootshaken, Streichhölzer und den Raketenbehälter, und überhaupt das ganze Drum und Dran, was dazugehört. Damit fertig, nahmen wir die hölzernen Schutzdeckel und deckten beide Boote sorgfältig zu. Noch einmal beguckten wir unser Werk. Dabei trat ich zu nahe an den Rand, verlor das Gleichgewicht und stürzte kopfüber ab. Noch im Fallen sah ich das verblüffte Gesicht vom dicken Karl an mir vorüberhuschen, mit einem Ausdruck: Nimm's leicht, nimm's leicht. Fiel

ungefähr drei Meter hinunter auf das Hartholzdeck und verlor augenblicklich die Besinnung.
Als ich wieder zu mir kam, lag ich in der Koje. Mein linkes Handgelenk war verbunden, der Unterarm voll Jod. Das Genick schmerzte, der verbeulte Kopf dröhnte. Einige Gesichter erschienen, ich erkannte keines. Als sie zu lachen anfingen, mußte ich weinen. Hatte meinen Namen vergessen, konnte keine Frage beantworten und wußte nicht, wo ich war. Ganz allmählich stellte sich die Erinnerung wieder ein. Ich befand mich an Bord des Vollschiffes ›Greif‹. Wir machten seeklar, gingen auf ›lange Reise‹, das Schiff war nach Australien bestimmt. Als ich den Verstand wieder beisammen hatte, bewegte es sich schon.

*

An Deck sah es schlimm aus. Verheddertes Tauwerk lag umher. Man stolperte über Lukendeckel, unter den Sohlen knirschte verstreuter Kies. Von Land waren noch ganze Körbe voll Proviant und Letzter-Minute-Kleinigkeiten gekommen. »Was soll ich mit so vielen Oldenburger Südfrüchten«, schimpfte der Koch. Die Steuerleute schimpften auch. Die Matrosen, noch die Schwere der Feier des letzten Abends in den Gliedern, liefen mit dicken Köpfen umher. Wir Schiffsjungen hatten genug zu tun, niemandem in die Quere zu kommen und nicht umgerannt zu werden. Gewaltig qualmend zog der Schlepper ›Vegesack‹ mit Vollschiff ›Greif‹ dem Hafenausgang zu. Auf der alten Schleuse wartete ein kleines Häuflein Unentwegter, um uns seine letzten Grüße mitzugeben. Nach altem Brauch erhob sich ein kräftiges Hurra-Geschrei.

»Drei Hurras für die Stadt Bremerhaven-Geestemünde!«
»Hipp-Hurra, Hipp-Hurra, Hipp-Hurra!«
»Drei Hurras für die Tecklenborgwerft!«
Daß es das letzte Hurra eines Windjammers für die berühmte Werft sein sollte, wußte damals noch niemand. Bald darauf verschwand sie von der Bildfläche.
»Drei Hurras für die Deerns von der Deichstraße!«
»... für die Wirtschaft von Peter Voß!«
So nahmen wir Abschied von diesem und jenem.
Auf dem Achterdeck unterhielten sich Kapitän und Lotse in den Pausen zwischen den Ruderkommandos.
»Wohin segeln Sie, Kapitän?«
»Nach Südaustralien, holen Weizen. Den eigentlichen Bestimmungshafen erfahren wir bei der Känguruh-Insel.«
»Nach Südaustralien, und dann im Ballast —«, der Lotse tat erstaunt, »das wird aber eine teure Reise«.
»Ja, ich weiß«, brummte der Alte, »aber was soll man machen, die Dampfer nehmen ja alle Ladungen weg«.
»Das wird aber auch eine lange Reise«, dröhnte der Lotse weiter.
»Natürlich, ich rechne selber mit rund hundert Tagen«, erwiderte der Kapitän kurz angebunden und sah angestrengt achteraus, wo die Häuser von Bremerhaven allmählich zurückblieben.
»Vermissen Sie noch einen von Ihren Leuten?«
Der Alte seufzte. »Ja, den Bootsmann, hoffentlich läßt mich der Kerl nicht im Stich.« Und damit widmeten sie sich wieder dem Fahrwasser.
Der Bootsmann kam mit dem Lotsenversetzboot nach: ein kleiner blonder Krauskopf mit den Säbelbeinen eines Cowboys. Schwankend kletterte er an Deck, wo

der Erste wie ein Habicht auf ihn losfuhr. Der Bootsmann nahm keine Notiz von ihm. Freundlich grinsend fing er an, sich zu entkleiden, als wolle er zu Bett gehen, und stellte die Stiefel zum Putzen über Bord. Weg waren sie!
»Führt ihn weg, führt ihn bloß weg«, schrie der Erste erbost, »man merkt, daß er von der Fischerei kommt.«
Der Alte schmunzelte nur. Hauptsache, er hatte seinen Mann. Auf See würde das alles anders werden. Der Lotse stieg lachend von Bord. Wir waren sprachlos.
Dann nahm der Schlepper größere Fahrt auf und mit der Tide ging es rasch stromabwärts. Über uns reckten sich die Masten in den grauen Winterhimmel. An Deck wurde lange und gründlich aufgeräumt. Mir fiel das Geschrei auf der ›Passat‹ ein, nun verstand ich es. Allmählich legte sich die Unruhe. Noch einmal mußten sich alle Seeleute versammeln, um nach altem Ritus in zwei Wachen eingeteilt zu werden. Ausgenommen die Handwerker, Köche und Steward. Diese würden nur tagsüber ihrer Arbeit nachgehen und nachts ungestört schlafen können. Für alle andern aber begann jetzt ein Turnus, der sie auf Monate hinaus tagsüber alle sechs, und nachts alle vier Stunden auf dem Posten finden würde. Und wenn es hart auf hart ging, würden es auch ›all händs‹ zugleich sein. Zumindest würde die tägliche Arbeitszeit einmal zehn, das anderemal vierzehn Stunden betragen. Der Erste führte die Steuerbordwache, der Zweite die Backbordwache.
Der Erste eröffnete die Auswahl der Leute. »Hoppe!« rief er und griff sich gleich den erfahrensten von allen. Der Zweite folgte. »Hannes!« Ah, unser Hannes. Der trat schnell auf seine Seite.

Dann kam wieder der Erste. »Sigi!« Guck, der Klabautermann.
Und so griffen sie sich abwechselnd, mit kleinen Pausen des Überlegens, die ihnen zusagenden Leute heraus: Vollmatrosen, Leichtmatrosen und Jungen. Wie Schachspieler, die ihre Züge tun.
Hans-Günther und ich wurden getrennt. Er kam zum Ersten. »Na, denn mach's gut!«
Ich kam zur Backbordwache des Zweiten. Mit den Matrosen Hannes, Franz und Moppel, mit den Leichtmatrosen Sievers, Kurt und Schwidki, den Jungmännern dikken Schütt und Kuhnert. Und zum Spieß, zum langen Hein, zu Eitel, dem dicken Korl, zum lütten Sprengel und zum hübschen Klint. Zu insgesamt fünfzehn Mann, die den andern fünfzehn Mann schon zeigen würden, was sie konnten. Sogar die Steuerleute würden zeigen müssen, was sie konnten. Der sehnige Erste Offizier war auf bekannten Windjammern groß geworden. Beim Zweiten und Dritten wußte man das nicht, die kamen von den Orientdampfern der Reederei. Hier an Bord war es nun nichts mehr mit goldenen Knöpfen und mit einer Eichenlaubstickerei an der Mütze. Das durften sie getrost dem dürren Doktor überlassen. Der Alte, schon im dicken Islandtroyer und eine Klappmütze auf den Ohren, bestimmte in mehr als einer Beziehung schon die neue Richtung.
Die Backbordwache hatte bis Mitternacht Ruhe. Als ich mir Waschwasser von der Pumpe holen wollte, fand ich diese mit Schloß und Kette gesperrt. Ich hielt es anfänglich für einen schlechten Scherz, wurde aber belehrt: es war auch hier die neue Richtung. Eine Richtung der Härte und Sparsamkeit. Zum erstenmal ahnte ich etwas

vom Begriff der langen Reise und fühlte eindringlich, daß das Land uns verlassen hatte und der relative Wert der Dinge — vor allem des Süßwassers — ein ganz anderer geworden war. Meine Kameraden erfuhren Ähnliches und machten betretene Gesichter. Spieß seufzte: »Onkel Fritz, der schrie janz laut.«
»Dir wird das Schreien auch noch vergehen«, prophezeite Hannes düster, schmiß eine leere Buddel über Bord und verstaute seine Landgangssachen. O weh, das konnte ja heiter werden. Nichts ist's mit Fridolin, das Schiff streicht durch die Wellen. Hier mußte es heißen: O wie ist es kalt geworden, und so traurig, öd und leer, rauhe Winde wehn von Norden, und die Sonne scheint nicht mehr ...
›Greif‹ rollte schwerfällig in der Dünung. Vor uns qualmte und quälte sich der Schlepper der offenen Nordsee entgegen. Rahen knarrten, Blöcke klapperten, Schotenketten rasselten. Eisschollen schnurrten mit hohlem Klang an der Bordwand entlang. Noch war nicht ein einziges Segel gesetzt. Der Wind war völlig erstorben, das Land hatte sich in Dunst gehüllt. Rotesand-Leuchtturm wanderte vorbei, die Sterne erschienen am Firmament. Die Dunkelheit senkte sich wie der Vorhang nach einem Akt.
Es war ein blaukalter Abend im Januar.

*

Nachts setzte es die ersten Hiebe, und für eine Weile sah es wirklich so aus, als sollte uns das Lachen vergehen. Sprengel, der lange Hein und Klint wurden nacheinander nach vorne zum Segelmacher gerufen. Der lag in seiner dunklen Koje, ließ die Schlaftrunkenen sich bücken und nach etwas suchen, und zog ihnen aus dem Hinterhalt unverhofft ein paar über. »Damit ihr erst mal aufwacht und überhaupt vor unsereinen den angemessenen Respekt bekommt.«

»Da bettelt sich so ein Dreckskerl im Hafen halbverhungert an Bord«, räsonierte Hein und kam damit der Wahrheit sehr nahe, »der Kapitän nimmt ihn mit, weil er nichts Besseres bekommt, und dann entpuppt sich so was als ein schäbiger und niederträchtiger Charakter.«

Da war der kleine säbelbeinige Bootsmann ein anderer Kerl.

»Brustat, dicken Korl und Spieß — zum Segelmacher«, hieß es da.

Wir gingen erst gar nicht hin. Der konnte uns mal. Er sollte sich doch freuen, schlafen zu können. Es kam auch nichts danach; denn plötzlich hieß es: »Segel setzen«! Südwestwind brach durch.

Segelsetzen war schon im Hafen nicht ganz leicht, hier wurde es zum Spektakel. Wir heißten die kleinen dreieckigen Stagsegel zwischen den Masten, traten uns gegenseitig auf die Füße und packten einander über die Hände. Es setzte Püffe und Flüche. Wir waren einfach zu viele und noch nicht eingespielt genug. Als es angebracht erschien, wurden auch die schweren Untersegel losgemacht. Beim »Aussingen« eines Matrosen rissen wir ruckweise an ihren Schoten. Sie blähten sich auf, standen prall wie Schilde und kurvten zu beiden Seiten weit über das Wasser hinaus. ›Greif‹ legte sich leicht über und fing an zu segeln. Wir holten die Schlepptrosse ein.

Die See lief schon höher. Die stark rollende ›Vegesack‹

verlor sich in der Nacht, blieb aber in unserer Nähe. Im Morgengrauen kamen beide Schiffe noch einmal so nahe zusammen, wie die grobe See es zuließ. Wir standen alle an der Reling. In hohem Bogen flog eine Wurfleine mit einem Postbeutel zum Schlepper hinüber. Drei Hurras flatterten hinterher.
Der Kapitän der ›Vegesack‹ schrie etwas durchs Megaphon, doch der Wind riß ihm die Worte vom Munde. Da riß er dreimal an seiner Dampfpfeife und drehte ab. »Siehste, da schiebt er los nach Muttern.« Unser Koch, ganz in Weiß, brüllte mit hervorquellenden Augen: »G-g-grüß mir die Heimat!«
Allein auf sich selbst gestellt, segelte Vollschiff ›Greif‹ in die weite Welt. Mit ihm segelte eine vergangene Zeit. Eine Zeit, in der die Windjammer noch nicht einmal jene kleinen Hilfsmittel besaßen, wie sie ›modernen‹ Seglern mitgegeben wurden, wie Hilfsmotore und Braßwinden. Oder gar elektrisches Licht und dergleichen. Die einzige Elektrizität an Bord erzeugte ein kleiner ›Jockel‹ zum Funken. Dafür verfügte unser Schiff über eine ganze Anzahl junger Fäuste und über eine Menge guten Willens.
Mit wechselnden Winden kreuzten wir hin und her und gerieten dabei des öfteren zwischen englische Fischerboote, die entsetzt auseinanderstoben. In der folgenden Nebelnacht lag über Schiff und Meer eine solche Ruhe, daß man die Stimmen der Schiffsleitung über das ganze Deck hinweg vernehmen konnte.
»Wenn das so weitergeht«, grollte der Alte, »sitzen wir bald hoch und trocken auf den Bänken. Ich glaube, ich kratze mal am Mast.« Die Segel hingen wie Abwaschlappen.

Schließlich mußte sich ein Seemann mit einem kastenförmigen Nebelhorn auf die Back begeben, wo er durch fleißiges Kurbeln dem Apparat schaurige Töne entlockte, die an eine verängstigte Kuh erinnerten. Bald darauf meldete sich die ferne Flöte eines Dampfers, ein anderer kam hinzu, ein dritter strich unsichtbar vorüber. Die Preßlufthörner der Küste fielen ein, und am Zunehmen des Schiffsverkehrs und der Signale wußten wir auf einmal, daß wir uns in der Einfahrt, wenn nicht schon mitten im Englischen Kanal befanden.
Der Kapitän verbrachte die Nacht an Deck. Eigentlich ging er mit dem Zweiten gemeinsam die Wache, so wie der Erste den Dritten bei sich hatte. Vier Augen sahen schließlich mehr als zwei. Aber das war alles nur für den Anfang gedacht. Der Kapitän hatte seit Bremerhaven kaum geruht. Erst auf dem freien Ozean würde er sich zurückziehen, den drei Steuerleuten das Feld überlassen und sich fortan seiner Briefmarkensammlung und dem Grammophon widmen. Dazu der Pflege jener Blumen und Rankengewächse, die unter dem Oberlicht des Salons ein Treibhausdasein führten.

*

»Mir ist sterbenselend zumute.« »Mir auch.«
»Wenn das meine Mutter wüßte!« »Seid bloß stille.«
Während sich die befahrenen Seeleute bemühten, die heftigen Schlingerbewegungen des Schiffes mit den Beinen auszugleichen, und schräg über Deck liefen, lag die Schiffsjungenwache auf den Luken. Bleichen Gesichts, Schweißtropfen auf der Stirne, apathisch zusammengesunken, so sah man sie da, bis mal wieder einer, mehr

rutschend als aus eigenem Antrieb, zur Verschanzung hinstürzte und seinen Magen entleerte. Außer grüner Galle schien schon nichts mehr drin zu sein.
»Und wir haben gedacht, ihr hättet alle gefahren und wäret seefest«, höhnten die Matrosen, »wer lieben will, muß leiden.« Zu schwach, um sich zu verteidigen, boten Neptuns Opfer einen erbarmungswürdigen Anblick. Die monatelange Pause hatte bei allen das letzte bißchen Seefestigkeit völlig beseitigt. »Laßt gut sein«, tröstete man uns schließlich, »es gibt immerhin alte Kapitäne, die ihr Leben lang anfällig bleiben. Nach jeder längeren Hafenliegezeit kommt es ihnen wieder zum Halse raus.«
Ein schöner Trost. Wenn dem wirklich so war, sollte man sich lieber beizeiten nach einem anderen Beruf umsehen. Heino erwog ernsthaft, den Hof seines Vaters zu übernehmen. Klint wäre lieber im Bergfach geblieben. Der lange Hein schalt sich einen Esel, nicht dem Werdegang seines Vaters gefolgt und als Zollsupernumerar eingetreten zu sein. Mit Uniform und Degen, versteht sich! Von mir selbst ganz abgesehen. Nur ließen sich im Moment all diese Dinge leider nicht recht verwirklichen. Mitgegangen, mitgehangen! Die englische Küste zog an Steuerbord vorbei. Ein heimkehrender Bremer Indienfahrer dippte höflich seine Flagge. So was hatten die wohl lange nicht mehr gesehen. Ein dem Atlantik zustrebendes Vollschiff unter Bramsegeln. Diese Glücklichen — in vierundzwanzig Stunden standen ihre Füße vielleicht schon auf festem Boden. Vermutlich jedoch war es umgekehrt: sie beneideten uns, die wir mit einem der letzten Windjammer auf eine Weltreise gingen. Jedes Ding hat schließlich zwei Seiten. Was

hatte doch der Zweite gesagt: »Wir laufen den Atlantik hinunter und um das Kap der Guten Hoffnung herum durch den Indischen Ozean nach Australien, dann auf der Rückreise durch den südlichen Pazifik um Kap Horn in den Atlantik zurück und heimwärts nach Europa. Es ist eine regelrechte Weltumseglung — immer ostwärts.« Er sollte recht behalten.

»Übrigens — es ist alles nur ein Übergang«, philosophierte er mit einem Seitenblick auf uns umherwankende Jungen, »etwas Beschäftigung in frischer Luft, und die Seekrankheit geht bald vorüber.« Und richtig, sie verging schnell genug. Alles war nur eine Frage der Zeit. Jede halbe Stunde schlug der jeweilige Mann am Ruder, die Kartenhausuhr vor Augen, an eine kleine Glocke. Dröhnend antwortete ein anderer mit der großen Schiffsglocke vorne auf der Back: ein helles und ein dunkles Läuten. Nach vier Stunden oder acht Glas fing diese Zeitrechnung wieder von vorne an. Monatelang, Tag und Nacht, ein helles und ein dunkles Läuten...

»Schließlich haben wir den Brief von der dicken Aujuste so gewollt«, wandte Spieß ein, wenn Hein es sich wieder einmal ganz anders vorgestellt hatte.

»Stimmt, und wer seinen Beruf partout wechseln will, wird ja noch immer Gelegenheit dazu finden«, pflichtete ihm Klint bei, dessen hübsches Gesicht auch schon erheblich schmutziger geworden war.

»Sicher — nach einem dreiviertel Jahr, wenn wir wieder zurück sind«, warf der dicke Korl trocken hin. Er war Seemannskind. Wer wollte denn auch aus einer augenblicklichen Laune heraus jetzt schon den Beruf wechseln, und sich all der großartigen Abenteuer begeben, die auf ihn warteten. Aber war es wirklich nur Abenteuerlust gewesen, die alle diese jungen Leute aus meist wohlbehütetem Hause hinausgetrieben hatte? Kam nicht noch manches andere hinzu — eine gewisse Vorstellung vom Leben, ein Unabhängigkeitsdrang? Denn die Abenteuerlust zerstiebt wie Spreu vor dem Winde, wenn man sich der rauhesten aller rauhen Wirklichkeiten gegenübergestellt sieht.

Schimpfen ja, die Matrosen schimpften bei jeder passenden und unpassenden Gelegenheit. Sie schimpften über das Wetter, über die Arbeit, über das Essen, über Hühn und Pardün. Erst nahmen wir es furchtbar ernst, bis wir dahinterkamen, daß es anscheinend in der Natur der Dinge lag.

»Solange die Leute schimpfen«, hatte man den Ersten auf den Doktor einreden hören, »solange sie schimpfen, ist alles in Ordnung. Erst wenn sie still und duckmäuserisch dahintrotten, stimmt was nicht. Wissen Sie, als ich noch vor dem Mast fuhr —.«

Der Erste war eine abenteuerliche Persönlichkeit, das hatten wir schon lange festgestellt. Klint, als er noch dem Steward zur Hand ging, brachte einmal ein verblichenes Foto mit, das den Ersten als Arbeiter einer Salpetermine in Chile zeigte: eine schlanke, scharfgesichtige Erscheinung, die sich bis heute nicht viel verändert hatte. Des südamerikanischen Lebens überdrüssig hatte er sich während des Weltkrieges auf einem Neutralen nach Hause durchzuschlagen versucht, wurde aber von den Engländern in Gibraltar abgefangen und ins Lager gesteckt. Er sah ihnen zu sehr nach einem Reserveoffizier aus. Trotzdem waren beide Parteien gut miteinander längsgekommen. Gebürtiger Anhalter, Louis mit

Vornamen, in seiner überlegenen Art jeder Situation gewachsen — das war unser Erster. Auch die Matrosen bewunderten ihn.

»Seht ihn euch an«, riet uns Hannes, »von dem kann sich jeder eine Scheibe abschneiden.« Dieser Aufforderung bedurfte es gar nicht, wir sahen ihn genug.

Hannes hatte auf See noch an Bedeutung gewonnen. Nicht nur, daß er Wachältester der Backbordwache war, nein, er wurde auch zum unmittelbaren Lehrmeister. Denn auf Schritt und Tritt sollten uns Segelschiffsmanieren beigebracht werden. Ganz gleich, ob es um das richtige Verhalten in den Toppen ging (da gab es kein jauchzendes von Mast-zu-Mast-Hüpfen), ob man das Pfeifen als eine den Sturm herbeilockende Unvorsichtigkeit verabscheute, ob es sich darum handelte, das Achterdeck als den vornehmsten Platz des Schiffes außer Dienst zu meiden oder etwas an der richtigen Seite — der Leeseite — über Bord zu werfen. Alles setzte Erfahrung und Respekt voraus.

Und dann erst das Frischwasser! Mit dem Inhalt eines einzigen kleinen Eimers, pro Mann und Woche herausgegeben, mußte der Seemann sich selbst, seine Kleidung und sein Kojenzeug sauberhalten. Nie sah man, daß jemand sein Waschwasser vorzeitig fortschüttete, mochte es auch noch so beschmutzt aussehen. Stets versteckte er es in irgendeinem Winkel, bis es sich aufs neue verwenden ließ. Gerade in dieser Beziehung wurde mit raffinierter Umsicht vorgegangen.

*

Das sprichwörtliche »Und im Kanal bei Westwind hat Kreuzen gar kein End« trat heute nicht ein. Der Wind war wieder verschwunden und hatte den Segler unbeweglich zurückgelassen. Ein dunkler Streifen lag mal vorne, mal rechts, mal hinten und dann wieder vorne.

»Das ist die Isle of Wight«, verriet uns der Zweite, »wir sehen sie uns von allen Seiten an.« Über die ruhigen Wasser des Englischen Kanals strich schon frühlingsmäßige Wärme.

Leer und schlaff die Segel, der Windsack im Kreuztopp rührte sich kein bißchen. Wenn ein schwacher Luftzug anzukommen schien, hieß es gleich »Klar bei Fockbrassen — hol durch die Schot — setz fest den Hals« und was es gerade war. Das Tauwerk reckte sich immer von alleine. Kaum steifgeholt, dauerte es nicht lange, bis es wieder lose durchhing. Vielleicht kam es von der Temperatur, vielleicht von der Feuchtigkeit der Nacht.

Wir sind beim Heißen der Vorbram, der zweithöchsten. Aufmerksam schaut der Kapitän zu. Im Zugleichtakt ziehen wir am Bramfall: einem langen Flaschenzug, der oben über eine Rolle, besser Block, am Mast verläuft. Jedesmal steigt die Rah einen Fuß oder so höher. Oben auf der Rah steht Eitel (Schiffsjungen sind immer ganz oben) und beobachtet, ob alles klar läuft. Gleich muß sie hoch genug sitzen, und Eitel wird das Stoppzeichen geben. Doch das Zeichen bleibt aus, statt dessen gibt es einen Ruck, und wir fallen hintenüber. Rund fünfzig Meter Tauwerk, Blöcke und Schäkel sind gerissen, kommen von oben und poltern an Deck, wo alles auseinanderstiebt und in Deckung geht. Niemand möchte sich schlagen lassen . . .

Die Bramrah samt Segel und Eitel obendrauf hängt zwar noch in einer Schelle am Mast, hat aber ihren Halt verloren und rutscht die fünf Meter wieder runter. Sie ist ein langes rundes Querholz, und wie es sich federnd auffängt und nachwippt, bricht das Steuerbordende krachend ab. Da hängen nun die zerbrochene Rah, das zerknautschte Segel, die losen Enden.
Der Kapitän, krebsrot im Gesicht, fährt wütend den Zweiten an: »Passen Sie doch gefälligst besser auf, die reißen ja alles kaputt.«
Der Gescholtene zuckt mit den Achseln. »Was kann ich dafür, daß das Zeug so verrottet ist. 'S ist ja auch schon seine dreißig Jahre alt. Und Sie haben ja selbst dabeigestanden.«
Es gibt einen kleinen Wortwechsel, über dem man den Burschen vergißt, der den kleinen Rutsch in der Höhe mitgemacht hat, den Eitel. Der kommt schreckensbleich runter. Bevor er was sagen kann, fährt ihn Hannes hart an. »Nu mach bloß kein Theater und hab dich nicht so.«
Die Matrosen entern auf und geben die ganze Rah an Deck, indem sie alle Verbindungen lösen. Für eine Weile gleicht der Vormast einem an der Spitze ein wenig kahlen Weihnachtsbaum. Dann geht der Zimmermann mit Zollstock und Hackbeil bei und schlägt aus einer Reservespiere ein neues Ende. Der Schmied erhitzt auf seiner kleinen Feldschmiede Eisenringe zur Rotglut, und dann passen die beiden die Stücke zusammen. Die sitzen wunderbar umklammert und buchstäblich eisern fest. Dann hängt die Rah wieder auf ihrem alten Fleck, und alles ist so, als wäre nichts geschehen. Der Alte ist mit den Handwerkern sehr zufrieden und schickt ihnen durch den Steward einen Schnaps. Besanschot an, ist der

doppelsinnige Begleitgruß dazu. Nun kann auch der Wind wieder kommen.
Und der Wind kommt. Am Abend fängt es an zu wehen. Als wir um Mitternacht ablösen, hat die andere Wache schon die Royals und die Oberbram festgemacht. Die Luft ist so schwarz, daß man sie mit den Händen zu greifen vermeint, sie wird durch einen Lichtkegel rhythmisch zerschnitten: das letzte Leuchtfeuer Europas für uns. Jedesmal, wenn sein kreisendes Schlaglicht nach uns hascht, erhellt es die gebauschten Segelflächen. ›Greif‹ liegt übergeneigt und macht eine sausende Fahrt. Die See im Landschutz ist noch fast ruhig, wie immer, wenn der Wind eingesetzt hat und das trägere Wasser noch nicht aufgeschaukelt ist. Allmählich wird sie gröber, und der große Windjammer stampft in den offenen Atlantik hinaus. Das Leuchtfeuer fällt zurück, es wird blasser, bald sieht man nur noch seinen Widerschein am Horizont aufzucken. Dann ist nichts mehr da.
Ich bin Läufer und lehne über die gedrechselte Balustrade vorkante vom Achterdeck. Da trägt der Wind erregte Rufe des Ausgucks übers Meer. Der Zweite tritt neben mich. »Was war das eben?« fragte er hastig. »Ich weiß nicht —!«
Laufschritte kommen über Deck auf uns zu. Aber noch schneller löst sich aus der Dunkelheit voraus ein schwarzer Schemen, der fast mit uns zusammenstößt und dann als ein trapezförmiges Segel zum Greifen nahe an Steuerbord entlangrutscht. Tief unten ein schwaches Kajütenlicht. Sonst nichts. Uns stockt der Atem. Bevor wir uns von dem Schreck erholt haben, ist der Spuk auch schon vorbei und hinter uns im Kielwasser wieder in der Nacht verschwunden.

Der Zweite findet zuerst seine Fassung wieder. »Die Ös verdammte«, grollte er und trampelt wütend auf die Planken. »Immer diese Fischer. Ohne Laternen hier herumzuackern. Mist von Zivilisation, bloß weg von hier, bloß weg!«
Dann sind wir endlich allein. Das Vollschiff ›Greif‹, 32 Jahre alt, vormals ›Edouard Bureau‹, ursprünglich ›Wiscombe Park‹ von Liverpool, jagt davon. Es knarrt in seinen Verbänden, es stöhnt und zittert. Es schüttelt die jahrelange Hafenliegezeit von sich ab, breitet seine zweiundzwanzig Segel aus, die Fittiche des Windes: der Ozean hat es wieder.
Ein über zweitausend Tonnen großer Windjammer, nur Ballast im Bauch und hoch aus dem Wasser ragend, seinen Klüverbaum weit vorgestreckt, so fliegt er dahin. Wie ein Phantom.
Bei Tage finden wir vorne am Stampfstock ein Stück abgerissener fremder Flaggleine . . .

Atlantischer Rhythmus – Jeder Mensch hat seinen Tick – Paradiesischer Passat – Neptun, was wird hier gespielt?

Türen schlugen von selbst auf und zu. Von den Tischen fiel das Eßgeschirr. Wer auf den Beinen bleiben wollte, mußte geschickt vorgehen. Tief und dunkelblau wälzte sich der Atlantik heran. ›Greif‹ arbeitete schwer in den rollenden Hügeln der nördlichen Dünung.

Hannes zog die Stirne kraus. »Es ist nichts mit dem Azorenhoch diesmal. Was sich im Februar im Nordatlantik zusammenbraut, sieht eher nach Schlechtwetter aus. Hoppla —!« Und damit floß ihm auch schon die Erbsensuppe über den Tellerrand; denn das Schiff legte sich wie zur Antwort besonders weit auf die Seite.

Nachmittags nahm die andere Wache wieder die leichten, oberen Segel fort. Abends lösten wir ab. Es wurde schnell dunkel, blieb jedoch sternenklar und gut sichtig. Wie eine Herde Schafe waren die Wolken vor dem drohenden Sturm davongelaufen. Über unsern Köpfen fuhren die Mastspitzen kreuz und quer über den Himmel und rissen scheinbar die Sterne bündelweise ab. Masten und Sterne kreisten umeinander, bis für Bruchteile eines Augenblicks alles zum Stillstand kam, ehe das Spiel von neuem begann. Die See rauschte hohl und lief ungewöhnlich hoch von achtern auf. Zuweilen zersetzten leuchtende Fäden ihre Schwärze. Schrill sang in den

Wanten der erstarkte Wind. Das Schiff vibrierte am ganzen Leibe. In unsere Spannung, erfüllt von der heranziehenden Gefahr, gellte plötzlich die Trillerpfeife des Wachhabenden: »Großunterbram fest, Kreuzobermarssegel fest!«

Unsere Augen und das Tastgefühl hatten sich nunmehr soweit entwickelt, daß das Zurechtfinden nicht mehr schwierig war. Hastig wurden an Deck die Vorarbeiten erledigt, dann ging es eine endlose Jakobsleiter himmelan, die sich irgendwo im Dunklen verlor. Die Erfahrenen bewegten sich mit der Umsicht des gelernten Segelschiffmatrosen, wir Neulinge noch zu hitzig und aufgeregt. Mit den Beinen in der Luft baumelnd, schwangen wir uns um die Kante der Sailings, erreichten unser Ziel und verteilten uns auf beiden Seiten der Rah.

Meine Güte, rollte hier die Welt! Beschrieb einen ungleich größeren Bogen als unten an Deck. Zu fünft arbeiteten wir nebeneinander. Der Wind zerrte uns die Bucht des Segels aus den Händen und blies sie zu einem Ballon auf, in den wir hineinschlugen und krallten, bis die Nägel abbrachen und die Fingerspitzen bluteten. Wir lagen fast auf der Rah, mit den Beinen gegen das dünne Drahtseil der ›Fußpferde‹ gestemmt und ohne besonderen Halt. Der Sturm stülpte die Jacken über die Köpfe und entführte Mützen und Schals über das nächtliche Meer. Endlich bekamen wir das Segel fest zu fassen, falteten es Bucht für Bucht auf die Rah und umschnürten es mit dünnen Leinen, sogenannten Zeisingen.

»Laßt man erst den Mond aufgehen«, versicherte der Matrose Franz, ein stiller Sonderling, »der wird den Wind schon auffressen.«

Doch der Mond kam und kam nicht, und der Wind nahm

immer mehr zu. Kurz vor Wachwechsel zerriß das Großuntermarssegel wie ein Vorhang von oben bis unten. Mit peitschendem Knallen flogen über hundert Quadratmeter starkes, teures Segeltuch innerhalb weniger Augenblicke in Fetzen davon. Nur noch die Einfassungstaue blieben übrig. Bald darauf folgte ein zweiter schwerer Lappen. Weg war er!

»Da, da —« schrie der Zweite verzweifelt, außer sich vor Zorn und Schreck, »da frißt der Mond eure Seils auf, verfluchtes Weibergewäsch!« Im stillen fürchtete er wahrscheinlich des Alten Gesicht — und wir die kommende Pferdearbeit. Aber nicht genug damit, flogen noch einige Lappen davon, ohne daß wir es zu verhindern vermochten. Hatte der Zweite sie etwa nicht rechtzeitig genug aufgeien lassen? Wie auch immer, mit beiden Wachen ging es hinauf. Wir verbrachten den ganzen folgenden Sonntag damit, die verlorenen Segel durch neue zu ersetzen, bei dem noch immer heftig rollenden Schiff ein zermürbendes und nicht ungefährliches Beginnen.

Später wurde eine Flasche Weinbrand reihum gereicht, aber als sie endlich zu mir kam, war nichts mehr drin. Um das Maß des Unglücks vollzumachen, fiel der kleine Matrosenhund unbestimmbarer Rasse, den sie Bootsmann riefen, über Bord und ertrank. Mit ihm verlor Taps, der Kapitänshund, ein brauner Dobbermann, seinen Spielgefährten. Wir Schiffsjungen mußten unsere Tierliebe fortan auf die zwei Schweine beschränken, die vorne an Deck in einem hölzernen Käfig ein wahrhaft anrüchiges Dasein führten.

Einen Tag, eine Nacht und noch einen Tag tobte das Unwetter, zerzauste den ›Greif‹, ließ Zank und Streit aufflackern, um endlich unter rauschenden Regenböen abzuziehen. »Freiwache zur Koje«, hieß es schließlich. Übermüdet trennte man sich und verfiel wieder in jenen normalen Rhythmus, den die Glocken bestimmten und bei dem beide Wachen einander nur zur Ablösung zu Gesicht bekommen: die kleine Glocke achtern, die helltönend ›los-los‹ zu rufen schien, die große, die volltönend ›ja doch — ja doch‹ von vorne antwortete. Bis der Ruf ›Reise, reise‹ die Schlafenden wieder hochriß und zur Wachmusterung rief.

Wachmusterung: Kurz vor dem Ablösen stellten sich beide Wachen an Deck gegenüber. Der Wachälteste, hier unser Hannes und drüben der Matrose Arthur, überzeugten sich von der Anwesenheit aller, trieben Nachzügler an und wendeten sich daraufhin an den wachhabenden Steuermann: »Backbordwach alle da — Stürbordwach alle da.« Erst nachdem dieser angeordnet hatte »Verfang Ruder und Ausguck«, ging man auseinander. Die einen eilig ihren Kojen zustrebend, die anderen gähnend und stöhnend zu ihren Posten.

Als Schiffsjunge mußte man eine Stunde an das mannshohe Ruder, wo einen ein Matrose oder Leichtmatrose in die Kunst des Steuern einweihte, bis man den großen Segler selber in der Gewalt hatte. Ein Auge auf dem Kompaß mit seinen zweiunddreißig Himmelsrichtungen, das andere auf den Segeln, und zwischendurch mal einen Blick durch die offene Tür zur Kartenhausuhr. Nach einer Stunde einen Griff zum Klöppel, »Los-los, los-los«, schon erschien der Nächste. Vom Ruder eine Stunde zum Ausgucken auf die Back und schließlich wieder zurück nach achtern. Dort blieb man als Läufer oder ›Flötentörn‹ zur Verfügung des Wachhabenden, wenn der

was wollte. Etwa: »Mach mal das Bullauge vorne zu, das Licht blendet«, oder »Hol mir doch mal Pfeife und Tabak«, je nachdem, was es gerade war. Ließen die Umstände es zu, durften sich die törnfreien Leute in den Unterkünften aufhalten. Manche suchten sich auch ein geschütztes Plätzchen an Deck.
Die Vollmatrosen ließ man möglichst ungeschoren. Das kleine halbe Dutzend stand in jeder Hinsicht hoch über uns jungem Fußvolk, es gefiel sich in der üblichen »Kommt-erst-mal-in-unsere-Jahre«-Haltung. Buchstäblich am höchsten standen über uns die »Toppsgäste«, drei Vollmatrosen, ein jeder von ihnen ständig mit der Pflege eines der drei Masten beauftragt: Arthur mit dem Vortopp, Sigi mit dem Großtopp und Moppel mit dem Kreuztopp. Bei ruhigem Wetter verbrachten sie nahezu alle Stunden der Wache in luftiger Höhe, an der Seite ein Messer, Marlspieker, Fettpott und irgendwelche Bändsel. Waghalsig umherturnend, rittlings auf dem äußersten Ende einer Rah sitzend, als wollten sie jeden Augenblick ins Meer stürzen, verursachten sie beim bloßen Hinsehen schon Herzklopfen. Halb verborgen von den Segeln, wie Vögel im Laub großer Bäume, so gingen sie ihrem Handwerk nach, jede schadhafte Stelle aufspürend. Der Erste vertraute ihnen besonders und sah es ihnen auch nach, wenn sie mal gar nichts taten und rauchend da oben die Zeit totschlugen. Waren sie doch dort zu Hause, im Gegensatz zu anderen.

*

Obgleich sich auf einem Windjammer natürlich in erster Linie alles um die Segel dreht, sind doch nicht alle Besatzungsmitglieder stets und ständig mit diesen beschäftigt. Manche überhaupt nicht, oder nur am Rande. Da war beispielsweise der Steward, der die Achtergäste bediente und den man nur an Deck sah, wenn er die Kokosläufer schrubbte und zu den Mahlzeiten mit einem Armvoll Schüsseln zwischen Kombüse und Kajüte hin und herpendelte. Es war ein älterer, schnauzbärtiger Mann, der nur in weißer Jacke servierte und in würdigen Erinnerungen schwelgte: »Als ich noch auf dem Reichspostdampfer ›Derfflinger‹ nach Ostasien fuhr«, oder so ähnlich.

Persönliche Schrullen seiner Herren nahm er wohlwollend zur Kenntnis. »Auf dem ›Kronprinz Wilhelm‹ mußte ich als Kabinensteward dem Millionär Waterspout jeden Tag ein neues Frackhemd hinlegen. Steward, rief er, wo bleibt mein Frackhemd? Jeder Mensch hat seinen Tick, meiner sind die stets frischen Frackhemden. Hört ihr, jeder Mensch hat seinen kleinen Tick.«

»D-d-d-das stimmt«, pflichtete ihm der Koch bei, »fühl mal meine M-M-Muskeln.« Der Koch führte den Name ›Gravy‹, was soviel wie Sauce bedeutet, ob im bürgerlichen Leben oder nur zum Bordgebrauch konnte keiner sagen. Im übrigen hatte er den Athletentick, ließ spitze Tranchiermesser auf seinen eisharten Muskeln tanzen — »fühl mal« — und kannte alle großen Boxer des Jahrhunderts, mitsamt dem ›blonden Hans‹. Nicht etwa Hans Albers, sondern Hans Breitensträter.

Der junge, rothaarige Kochsmaat war ein ihm nicht ganz ebenbürtiger Sportfreund. Er war gelernter Schornsteinfeger; er und der Steward betrachteten ihren gegenwärtigen Aufenthalt an Bord als einen umständebedingten sozialen Abstieg. »Aber schließlich muß man ja leben«, entschuldigten sie sich verlegen. Und wirklich, sie leb-

ten nicht schlecht. Was die ›Frikadellenschmiede‹ an Hausmacherkost zustande brachte, ließ sich immerhin essen. Erst recht das Stückchen Frischbrot, das zweimal wöchentlich gebacken wurde und Abwechslung in das Hartbrot brachte.
Bootsmann und Segelmacher bildeten das Gespann der seemännischen Unteroffiziere. Der kleine Säbelbeinige war ein herzensgutes Rauhbein, eine Art Vormann für alles und rechte Hand des Ersten. Der hatte ihm seinen ungewöhnlichen Auftritt beim Auslaufen längst verziehen. Was im Segelmacher steckt, wußte man inzwischen. Nur wußte man noch nicht alles.
»Hör gut zu«, kam der Bootsmann eines Tages zu mir, »wenn mit dem besseren Wetter jetzt auch die Überholungsarbeiten am Schiff anfangen, gehst du als Handlanger zum Zimmermann. Er hat mich darum gebeten. Ihr kennt euch ja schon von Anbeginn und kommt gut miteinander aus.« Mir war das schon recht.
»Wenn der Zimmermann den Fietje kriegt«, schaltete sich der Schmied ein, »will ich den Hans-Günther haben, ich brauche auch eine Hilfe.«
»Is gut, Meister, sollst ihn bekommen«, brummte der Bootsmann, »ich seh schon, die beiden ältesten Bengels haben bei euch einen Stein im Brett, meinetwegen.« Gesagt, getan.
Die kleinen Werkstätten der Handwerker lagen ganz vorne unter der Back. »Da bist du ja«, freute sich der kleine Hamburger mit dem Menjoubärtchen, »dann kann's ja losgehen. Du wirst dich wundern, was es für einen Zimmermann auf einem Windjammer alles zu tun gibt. Und immer fix reinhauen, sonst wirst du erschossen wie Robert Blum.« Er erschoß immer alles wie Ro-

bert Blum in seinen Reden; vor allem den ersten Steuermann einer Viermastbark, mit dem er früher einmal nach Australien gesegelt war und der ein wahrer Ausbund an Brutalität gewesen sein mußte. Doch die Zeiten hatten sich geändert.

Wir hieben drein, daß die Späne flogen, dichteten Decknähte, ersetzten morsche Planken, bauten Möbel, Kästen, Bilderrahmen, Schiffsmodelle und verrichteten Privatarbeiten. Dann setzten wir uns hin und klöhnten. Über Robert Blum.

Auf der Gegenwache schmiedete Hans-Günther mit dem Meister, daß die Funken stoben: Bügel, Bolzen, Schotenketten, Beschläge, eben alles, was an Bord eines Windjammers auf langer Reise an Eisenarbeiten anfällt. Wenn der Meister seinen Mund auftat, hatten wir Jungens, und nicht nur wir, was zum Lachen. Das hörte sich so an: »Fietje, Fietje, warum gehste nach Schdeddin, hast ja keene Schtiebeln anzuziehn«, oder er philosophierte »Weeste, Feirahmd, des is doch dr scheenste Oochenblick.« Es dauerte einige Zeit, bis wir begriffen: Schdeddin bedeutete Stettin und Feirahmd soviel wie Feierabend. Der lange Hein wiegte sein theaterverständiges Haupt. »Kinder, unser Meister hört sich an wie der Schmierendirektor Striese aus dem ›Raub der Sabinerinnen‹. Er heißt ja auch ähnlich so.«

»Es ist doch eigentlich merkwürdig, daß soviel Seeleute aus dem tiefsten Binnenlande kommen«, meinte Klint.

»Wenn du zufällig den Meister meinst, der kommt allerdings von der Saale hellem Strande.« Das war der lütte Sprengel.

»Tja und die andern —?« fragte Klint, »seht euch doch nur um. Bei den Achtergästen angefangen. Der Erste stammt aus Anhalt, der Zweite aus Bayern, der Dritte ist Berliner, der Arzt wieder Münchener, alleine der Kapitän ist an der pommerschen Küste großgeworden.«

»Tatsächlich, da ist schon was dran.«

Dicken Korl kam hinzu. »Also, wenn ihr mich fragt, das ist doch ganz natürlich, die Küste allein wird nie alle Schiffe bemannen können. Und die schlechtesten Seeleute werden es nicht, die aus dem Binnenlande kommen.«

»Die aus dem Binnenlande bringen vielfach um so mehr Begeisterung und Phantasie mit«, äußerte sich der lange Hein.

»Und an der Küste wird man vielfach nur deshalb Seemann, weil es in der Familie liegt. Aus Gewohnheit also. Schaut euch doch nur mal dicken Korl an. Sein Vater ist Kapitän, aber sieht er selbst nicht eher nach einem Bierkutscher aus als nach einem Seemann?«

Es gab ein mächtiges Gelächter, doch ehe der Dicke dem Spaßmacher zu Leibe konnte, beendete Hannes die Debatte.

»Ihr habt Sorgen. Alles in allem kommt es überhaupt nicht darauf an, woher der Mann stammt und wie er aussieht. Guckt euch doch den Leichtmatrosen Schico von der andern Wache an. Ist er etwa kein guter Seemann, weil er zufällig in Italien geboren wurde, als sein Vater dort in einer Zuckerfabrik Chemiker war?«

»Das hat auch niemand behauptet.«

»Beispielsweise hatten wir auf der ›Toni‹—«, fuhr Hannes fort und spann ein langes abenteuerliches Garn. Man konnte es drehen und wenden, wie man wollte. Hannes erzählte am Ende immer von der Bark ›Toni‹.

*

Es war Sonntagnachmittag. Wir saßen an Deck um den Ersten gruppiert, der über Wind und Wetter sprach. Er sagte unter anderem:

»... Unser Kurs führt uns weitab von allen Küsten und läßt uns große Bogen beschreiben, ein typisches Merkmal der Segelschiffahrt. Ein Dampfer fährt zwischen zwei Punkten so nahe wie möglich auf dem ›größten Kreis‹. Das ist ein Begriff aus der sphärischen Trigonometrie, der den kürzesten Weg auf der Kugeloberfläche bezeichnet. Im Alltagsdeutsch: die Luftlinie.

Dagegen kann ein Segelschiff selbst auf dem freien Ozean nicht immer der kürzesten Linie oder einem geraden Kurse folgen. Brauchbare Winde bedeuten in diesem Falle mehr als kurze Entfernungen. Das Segelschiff muß stets einer Route nachgehen, auf der normalerweise die günstigsten Winde vorherrschen. Selbst dann, wenn dies zu großen Umwegen führt, die es dann aber schnell zurücklegt. Diese Routen sind aus jahrzehntelangen, wenn nicht noch längeren Beobachtungen hinreichend bekannt. Sie wechseln mit der Jahreszeit, so daß hydrographische Institute entsprechende Übersegelkarten herausgeben, die ziemlich sichere Voraussagen enthalten. Ich betone — ziemlich sicher; denn was ist auf dem weiten Meer schon ganz sicher? Manches bleibt der Nase des Kapitäns überlassen, das letzte Wort aber spricht immer der liebe Gott ...«

Daran mußten wir denken, als wir am einundzwanzigsten Tage der Ausreise den Nordostpassat zu fassen bekamen. Jenen guten Wind der Schönwetterzonen, der fast das ganze Jahr hindurch unveränderlich äquatorwärts weht: das Paradies der Segelschiffe.

Am Horizont standen verschwommen die Umrisse der

Insel Palma. Von Nordosten blies eine sanfte Brise, feine Wölkchen mit sich führend. Die Sonne malte goldene Kringel auf die tiefe, blaue See, die das Kielwasser in schnurgerader Linie durchschnitt. Prall standen die Segel wie Pyramiden übereinander. Die Logge, jenes Instrument, das an langer Leine einen Propeller hinter dem Schiff herschleppt und aus dessen Umdrehungen den zurückgelegten Weg mißt, die Logge also schnurrte wie eine zufriedene Katze. Wir vertauschten die dicken Kleidungsstücke gegen leichte Sommersachen. Der winterlichen Kühle entflohen, fühlten wir uns wie Touristen. Mit einem Schlage war das ganze Dasein hell, warm und sonnig geworden. Der Kapitän war kaum wiederzuerkennen. Sein Khakianzug knarrte förmlich von Stärke. Mütze und Schuhe leuchteten fleckenlos weiß, und das goldene Eichenlaub glitzerte in der Sonne.

»Zur Feier des Tages sollt ihr heute mal was Besonderes haben«, versprach der Koch und machte einen Pudding. Der schien ihm aber irgendwie mißglückt, und die Matrosen verhehlten ihren Unwillen nicht. »Hör mal zu, Samuel«, hieß es da, »der riecht ja so, daß man glaubt, seine acht Tage lang eingeweichte schmutzige Wäsche vor der Nase zu haben. Hast du dich am Ende in den Essenzen vergriffen? Ein bißchen Rot, ein wenig Grün, das macht den Seemann stolz und kühn.« Und lachend gingen sie davon.

Der Koch schwor den Undankbaren blutige Rache. »Seht lieber zu, daß ihr endlich ein bißchen mehr arbeitet«, rief er ihnen nach, »euch werd ich mal den Brotkorb höher hängen. Eßt meinetwegen Hartbrot, da könnt ihr jetzt noch die Maden rausklopfen, aber auf der Rückreise, da sammelt ihr das Brot aus den Maden raus. Euch werd ich schon kriegen. Ihr freßt mir noch aus der Hand.«

Was die Arbeit anging, so sollten seine frommen Wünsche teils erfüllt werden.

»Nordostpassooooooot, wi hebbt di foooot —!« sangen die Toppsgäste langgezogen aus der Takelage. Und langgezogen sangen wir beim Segelschiften, das unweigerlich mit dem Betreten dieses Paradieses verbunden ist. Die starken Sturmsegel wurden abgenommen und durch mürbe, geflickte Lappen früherer Reisen ersetzt. Sie lagen in den hintersten Winkeln der Segelkoje versteckt und waren so fadenscheinig, daß man durch das Gewebe am Tage die Sonne und nachts den Mond mit den ersten Boten des südlichen Sternenhimmels erblicken konnte. Aber für diese Breiten waren sie just richtig. Ein Lappen nach dem andern, zusammengerollt wie ein Lindwurm, wurde ans Tageslicht gezerrt, ausgebreitet und schließlich hoch in die Masten an Ort und Stelle geheißt.

Die guten aber kamen hinunter ins schattige Zwischendeck, wo Bootsmann und Segelmacher jetzt Tag für Tag hockten und an ihnen herumnähten. Unter der offenen Großluke hantierten sie mit den dreieckigen Stahlnadeln. Aus ganzen Ballen schwerer Leinwand entstanden unter ihren geschickten Fingern neue Segel: trapezförmig, genau berechnet, um die gekurvte Unterkante herauszukriegen. Eine Tuchbahn neben der andern lag da, bis zu den Einfassungstauen, die man Lieken nannte, und den schweren Locheisen an den Ecken, wo die Schoten eingeschäkelt wurden. Schön sah es aus.

»Wer will zum Segelnähen?« fragte der Erste. Doch

keiner schien rechte Lust zu dieser beliebten Arbeit zu haben. Ja, zum krausköpfigen, säbelbeinigen Bootsmann, da wollten sie wohl gerne hin. Aber zum Segelmacher, wie er so verschlagen und hämisch lächelnd dasaß, nein Herr, lieber nicht. Noch waren die Hiebe der ersten Nacht nicht vergessen. Schließlich erwischte es den lütten Sprengel. Der Segelmacher selbst wurde über allem ganz friedlich und freundlich, aber —

»Sollst sehen«, gab der Lütte zu bedenken, »der Kerl ist trotz allem nicht echt.«

Das schöne Wetter wurde ausgenutzt. Überall gab es was zu tun. Die Stagen und Pardunen, mit denen die Masten abgesteift sind, wurden versehen. Sie wurden mit Farbe, Bleiweiß und Fischtran eingeschmiert, damit die Feuchtigkeit ihnen nichts anhaben konnte. Der Mann begann ganz oben an der Mastspitze und arbeitete sich mit bloßen Händen herunter langsam an Deck. War er unten angelangt, so sah er meist entsprechend aus.

Kalfatern: In die ausgefransten Decksnähte trieben wir mit Hammer und Eisen neues Werg und übergossen es mit geschmolzenem Pech. Den ganzen Tag qualmte die Feldschmiede des Meisters, der stets ein Eisen im Feuer hatte. Das ganze Schiff fing an zu glänzen.

Die Steuerleute gingen jetzt reihum drei Wachen, das heißt, jeder vier Stunden für sich alleine. Die Navigation füllte sie nicht ganz aus, und das leichte Leben verlockte sie, in ihrer Freizeit kräftig mit Hand anzulegen. Vielleicht stand auch der Wunsch des Alten dahinter, der irgendwo hockte, den Pinsel schwang und mit einem Gummikamm auf den frischen Anstrich der Deckshäuser eine Art Holzmaserung imitierte. Im Netzhemd und Khakihose, sein volles Gesicht beschattet von einem

breitkrempigen Strohhut. Traf ihn anfangs noch gelegentlich ein erstaunter Blick, hatte er halb unwillig, halb jovial erklärt: »Ihr denkt wohl, ich habe Langeweile. Es ist aber nicht nur das. Wir wollen sehen, daß wir den ›Greif‹ von Grund auf umkrempeln können. Jetzt haben wir Gelegenheit dazu, bisher war alles noch ein Kinderspiel; denn der eigentliche Kampf mit den Elementen steht uns noch bevor. Was ist denn schon groß der Atlantik? Es kommt noch viel besser, wartet nur ab.«
Und schwang den Pinsel um so eifriger, daß wir einander anstießen. Seht doch, seht doch bloß den Alten!
Kam jedoch unvermittelt der Ruf »Schweinsfische«, veränderte sich schlagartig das Bild. Wo ein jeder ging und stand ließ er sein Werkzeug fallen. Alles hastete auf die Back und starrte über Bord. Vom Rauschen der Bugwelle angezogen, spielten meterlange Delphine um die Wette. Zu dreien, vieren und noch mehr jagten sie dahin; Seite an Seite, trennten sich wieder, sprangen aus dem Wasser, tauchten wieder weg und begannen nach Sekunden ihr anmutiges Spiel von neuem. Einer der Matrosen legte sich gewöhnlich im Klüvernetz auf die Lauer, die Harpune in der Faust, weit nach unten gebeugt. Angefeuert und irritiert zugleich von den Zurufen der Umstehenden, suchte er den günstigsten Moment abzupassen. Pfffft — die Harpune sauste dahin! Aber meistens verfehlte sie ihr Ziel und ging daneben. Und traf sie wirklich einmal, so riß sich der zentnerschwere Fisch spielend wieder los, das Wasser färbte sich blutig und das ganze Rudel verschwand im Umsehen.
»Wieder nichts«, bemerkte der Wachhabende enttäuscht, »ein wenig Frischfleisch hätte uns gutgetan.« Und voll

Ingrimm zu den Herumstehenden: »Vorwärts — an die Arbeit!«

Morgens fanden sich zuweilen fliegende Fische an Deck. Aus der Dunkelheit waren sie angeschwirrt gekommen, von einem Lichtstrahl angezogen, und mit leisem Klatschen gelandet. Tagsüber sah man sie in Schwärmen aus dem Wasser herausschießen, wie Libellen schillernd und mit gespreizten Flügeln gegen den Wind von Wellenkamm zu Wellenkamm schwirrend, immer auf der Flucht vor irgendwelchen Verfolgern. Gebraten schmeckten sie wie grüne Heringe. Ihre spannenlangen Flossen sind eine Kuriosität.

*

Südwärts schob der Passat den Segler. Endlose Entfernungen wurden zurückgelegt. Aber wenn man der gekräuselten Spur des Kielwassers nachschaute, so reichte diese nicht weit, und man konnte mit bloßem Auge von oben sehen, wo sie sich auflöste und das Meer wieder so war, als ob man es nie befahren hätte.

Immer höher stieg die Sonne zum Zenit. Immer heftiger fielen ihre Strahlen auf ein Deck, das nach dem üblichen Abspülen innerhalb weniger Augenblicke wieder ausgetrocknet dalag. Scharf hoben sich die mit zweitausendfünfhundert Quadratmetern Leinwand behängten ockerfarbenen Masten von der azurnen Bläue des Himmels ab. Unsere Spiegelbilder liefen über den Lackanstrich der Deckshäuser wie ein undeutlicher Film. Die Messinggriffe an den Türen blitzten, und die mit Mennige überstrichenen Rostflecken auf der Verschanzung stachen grell ins Auge. Sonderbare Dinge taten sich an Bord.

»Ich weiß nicht, was der Meister heute hatte«, grübelte Hans-Günther, »als ich ihn unverhofft beim Basteln überraschte, suchte er was zu verbergen. Nachher fand ich ein Stück Blech, aus dem war so etwas wie die Zacken einer Krone herausgeschnitten.«

»Menschenskind, da bringst du mich auf einen Gedanken«, meldete sich lütten Sprengel, »bei den Segelmachern lag neulich allerhand Flitterkram herum, der bestimmt nichts mit Segeln zu tun hatte. Es sah eher nach einem Kostümfest aus.«

»Du, das war der Liebesbrief von der dicken Aujuste.«

»Spieß, du hältst dich wohl für sehr schlau«, warf ein anderer ein, »aber wenn du mal bei den Matrosen in die Tür reinschaust, da wird auch geschneidert, als wollten sie zu einer Theateraufführung. Reingehen darfst du nicht, die werfen dich sowieso wieder raus.«

Klint, der hinzugetreten war, zuckte mit den Achseln. »Theater? Was wird hier eigentlich gespielt? Mich geht's ja nichts an, aber —«

»Ich weiß nicht recht, ob's euch nicht doch was angeht.« Der Leichtmatrose Sievers hatte die letzten Worte aufgeschnappt. Verschmitzt blickte der rundliche Hannoveraner von einem zum andern, »vielleicht geht's euch gerade was an. Macht euch auf die heilige Absolution gefaßt.« Und weg war er.

»Was hat er gesagt?«

Ein Wort formte sich, wurde hinter der vorgehaltenen Hand geflüstert, wanderte von Mann zu Mann. Ein Schauspiel zog herauf, alt und immer wieder neu. Für die Mitwirkenden ein Gaudium, für die Betroffenen jedoch nicht immer reine Freude. Macht euch auf die heilige Absolution gefaßt.

Eines Mittags, als die Kartenhausuhr wieder mal acht Glas schlug, als der Alte und seine Steuerleute die Sonnenhöhe maßen und das Besteck aufmachten, nämlich den Standort des Schiffes ausrechneten, fiel das Stichwort: »Übermorgen überschreiten wir die Linie!«
Die Linie, das war es, der Äquator, die Linientaufe, die Absolution. Na schön, laßt sie nur kommen.
Am Abend des nächsten Tages rief der Ausguck ganz unerwartet: »Feuer an Steuerbord!« Das war merkwürdig, wo sollte in unserer menschenleeren Gegend auf einmal ein Schiff herkommen. War es vielleicht der aufgehende Mond, der uns häufig narrte, wenn er wie das Licht eines Gegenkommers oder ein Brand auf dem Meere erschien. Die Zweifler kamen nicht weit. »Hier Triton«, quoll es dumpf vom Wasser herauf, »hier Triton, what ship?«
Spöttische Zungen behaupteten später, es hätte nur deshalb so vom Wasser heraufgeklungen, weil der Sprecher seinen Kopf durch das Bullauge der Zimmermannswerkstatt gesteckt hätte. Egal, was es auch war.
»Deutsches Vollschiff ›Greif‹«, gab der Ausguck zurück, »what's the matter?« Die Erklärung ließ nicht auf sich warten.
»Für morgen mittag, halb zwei, meldet sich Neptun nebst Gattin und Gefolge an, um den souveränen Akt der Äquatortaufe an den jüngsten Seeleuten und Weltumseglern zu vollziehen. Bis dahin — fahrt wohl.«
Damit zog sich Triton aus der Affäre. Von achtern kam ein Matrose gelaufen, Tritons Boot schwämme längsseit. Und in der Tat, da schwamm ein Lichtlein, schwang im Rhythmus der Wellen auf und nieder, entfernte sich flackernd und verlor sich in der Dunkelheit. Je nun, es

hätte Tritons Bootslampe sein können, zumindest eine mit Werg gefüllte Margarinedose. Illusion ist schließlich alles.

Nachts schoben unverhoffte Regenböen Vollschiff ›Greif‹ über den Äquator. Ein heiterer Tag schloß sich ihnen an. Der dreißigste Tag der Ausreise, Ende Februar … Sonntag obendrein, und daher doppelt geeignet, das Schauspiel zu begehen. In der Stille, die über Schiff und Meer lag, erklangen die Glocken. Los, los — los, achtern. Ja doch — ja, von vorne. Drei Glas, halb zwei. Plötzlich erfüllte wüster Lärm die Luft. Wie aus dem Boden gestampft standen Neptun und sein exotisches Gefolge an Deck. Alle Achtung vor den geschickten Fingern der Matrosen, die aus ein paar Lumpen und bunten Abfällen die Kostüme und Requisiten eines abenteuerlichen Aufzuges zusammengebastelt hatten. Einen betreßten Triton, Neptuns Dreizack, das nach Hanftauwerk riechende, langwallende Haar der muskulösen Thetis. Schauen wir uns ihren Hofstaat an, die Botanisiertrommel des Heilgehilfen, den blauen Mantel des Astronomen, das lange hölzerne Rasiermesser des Barbiers, das er uns nachher um die Ohren klatschte. Die Leibgarde aus Negern und Rothäuten, deren Kriegsbemalung ein Weilchen später unter den Wasserstrahlen abfärbte und streifig wurde. Ein Wort auch dem Einfallsreichtum der Leute vor dem Mast, die sich für die Schiffsleitung allerlei Orden und Ehrenzeichen ausgedacht hatten.

Über die eigentliche Zeremonie brauchen wir nicht mehr viel zu sagen. Sie ist ein derbes Possenspiel auf Kosten des Neulings, dem dabei schier Hören und Sehen vergeht und der schließlich prustend und würgend das

Weite sucht. Niemand von uns konnte sich dem Theater entziehen, mochte er auch vorher in den höchsten Tönen Widerstand gelobt haben: weder der eigensinnige Holzkopf noch der widerspenstige Spieß, noch der überlegene Hans-Günther, noch der dickfellige Korl. Der schimpfende Seppel nicht und der stolze Klint auch nicht, und erst recht nicht die Kleinen. Ganz zu schweigen vom langen Hein, der ohnehin darauf brannte, alles zünftig mitzumachen.
Für Stunden vergaßen wir den gleichbleibenden Alltag und trieben tolle Späße. Zur Feier des Tages verteilte der Dritte zusätzliches Frischbrot, Bratheringe in Dosen, Extrawurst und Zigaretten. Im Matrosenlogis bekamen sie Flaschenbier und Kümmel, und bis spät in die Nacht hinein konnte man sie noch singen und krakeelen hören.
Zur Erinnerung an das Spektakel gab es von Hannes kunstvoll gezeichnete Taufscheine, auf denen zu lesen stand, daß
»Neptun, Beherrscher aller Meere, Flüsse, Seen, Sümpfe, Teiche, Pfützen und sonstiger schiffbarer und alkoholfreier Gewässer, den Schiffsjungen Soundso vom Schmutze der nördlichen Halbkugel gereinigt und über die Linie gelassen habe.«

Man darf nur nicht krank werden – Kreuz des Südens: Zwischen Traum und Wirklichkeit – Schlappkist' – Hai beim Schiff!

»Aua — au!« Der kleine Adolph preßte schmerzverzerrten Gesichts beide Hände gegen den bloßen Leib.

»Was fehlt dir denn?« fragte Hans-Günther bestürzt, »habe ich dich gestoßen?« Aber der kleine Adolph sagte gar nichts. Er stöhnte nur leise. All seine Angriffslust hatte ihn verlassen.

Dabei regnete es, ach, was sage ich, es goß wie aus Eimern. Der Regen fiel so dicht, daß es wie ein alter Film aussah, auf dem unsere nackten Körper zu sehen waren, wie sie sich von oben bis unten abseiften. Alle Gefäße liefen über, und das willkommene Naß rann über das spiegelblanke Deck und durch die Speigatten ins salzige Meer. Der Wind war eingeschlafen, die Luft schwül wie im Treibhaus, der Ozean wie Blei. In der kaum merklichen Dünung, gelegentlichen Stoßseufzern gleich, hob Vollschiff ›Greif‹ abwechselnd beide Seiten ein wenig in die Höhe, die unter der Wasserlinie schon Muscheln und Algen zeigten. Das Schiff ähnelte einer alten Dame, die mit der Müdigkeit kämpft und dabei allmählich einnickt. Nasse Segel schlugen wie Scheuerlappen gegen die Toppen, bis eine momentane Bö sie prall aufblähte und uns sogar zwang, die oberen fortzunehmen.

Flauten, Gewitter und Böen folgten rasch aufeinander. Der Wind drehte so schnell, daß wir ihm mit den Brassen nicht mehr folgen konnten. Plötzlich und unvermutet fiel er direkt von vorne ein. Die Masten protestierten kopfschüttelnd, das Schiff drehte sich um sich selbst und machte sachte Fahrt über den Achtersteven. Brassen und nochmals brassen. Die Rahen schwangen im Halbkreis von Bord zu Bord, vom vielen Reißen schienen die Arme länger zu werden. An diesem Zustand änderte sich tagelang nichts — kostbare Zeit, die wir auf der Reise nach Australien verloren.

»Das sind die Mallungen«, verriet uns Hannes, der nicht gerne an seine Rolle bei der Linientaufe erinnert werden wollte, »ein unbeständiger Wettergürtel am Äquator. Den Nordostpassat haben wir verlassen, den Südostpassat noch nicht erreicht, so schleichen wir Meile um Meile dahin.«

In dieser Zone, fern aller Zivilisation, Tausende Meilen vom Lande ab, erkrankte also der kleine Adolph.

»Laß man, es sind nur Magenkrämpfe«, beschwichtigte er noch Hans-Günther, »irgend was ist mir nicht bekommen, vielleicht waren es die Bratheringe aus der Dose. Es wird schon wieder vorübergehen.«

Nur ging es leider nicht vorüber, und als sie den Doktor ins Matrosenlogis holten, lag Adolph mit Fieber in der Koje. Der Doktor schaute ihn durch seine Brillengläser aufmerksam an, befühlte seinen Leib und sagte nur ein Wort: »Blinddarm.«

Der Kranke machte ein bekümmertes Gesicht. »Blinddarm? Werden Sie operieren?«

»Nun, zuerst kommst einmal zur Beobachtung nach achtern ins Hospital, dann werden wir weiter sehen.«

Was der Steward eine kleine Weile später zu hören bekam, klang allerdings nicht sehr ermutigend.
»Machen wir uns nichts vor«, klagte der Arzt dem besorgten Kapitän, »operieren möchte ich ihn nicht, solange nicht akute Lebensgefahr besteht. Es ist nicht die Operation, es sind deren mögliche Folgen. Es fehlt mir einfach an Aseptika, das Risiko einer Infektion ist zu groß.«
Der Alte mußte wohl seinen Unwillen ausgedrückt haben; denn der Arzt fuhr fort: »Vor zwei, drei Tagen, als uns der englische Dampfer überholte, hätte ich den Kranken vielleicht abgeben können. Nun ist's verpaßt, und mit gefunkten Ratschlägen ist mir nicht geholfen, die habe ich selber. Warten wir ab. Gott allein weiß, was wird, vielleicht hilft sich die Natur des Kranken von alleine.«
Der Kapitän überlegte. »Gut, Doktor, Sie sind der Arzt«, sagte er kurz.
Es war schon ein Pech. Zwei Tage zuvor hatte uns ein einsamer Wanderer, ein englischer Passagierdampfer, überholt. Auf der Reise von London nach Montevideo, wie er durch Flaggensignale wissen ließ. Mit Musik und begeistert winkenden Fahrgästen war er dahingezogen, ein Bote aus einer anderen Welt. Der hätte den Kranken übernehmen können. Aber seine Rauchfahne hatte sich längst in alle Winde aufgelöst, unser Kurs hatte die Dampferroute längst wieder verlassen, und für lange, lange Zeit sollte es das letzte Schiff bleiben, das in unseren Gesichtskreis geriet. Der Horizont blieb leer.
Unterdessen lag der kleine Adolph in der Schwingekoje des engen Hospitals achtern unter Deck, tags vom Arzt betreut, nachts vom jeweiligen Läufer, der in Abständen nach ihm sah. Stockfinster war es hinten.

»Hallo, wer ist da?«
»Ich bin's, schläfst du noch nicht, Adolph?«
»Nein, kann nicht schlafen, komm her und erzähl ein bißchen.«
»Muß gleich wieder an Deck, Adolph, wie geht's dir?«
»Tja, so lala. Der Doktor hat mir einen künstlichen Eisbeutel gemacht und kuriert mich mit Diät.«
»Wie das?«
»Ich bekomme nur ein wenig Flüssigkeit, sonst nichts.«
»Sonst nichts?«
»Nein, sonst nichts. Und wie sieht's an Deck aus?«
»Wie soll's aussehen, Adolph, wie immer, es wird schon etwas langweilig. Muß jetzt aber gehen, mach's gut.«
»Gute Wache!«
»Danke, gute Ruhe.«
Da lag Adolph nun im Dunkeln und hörte die Glocken schlagen. Die kleine helle mit »Los, los — los, los«, die große mit der tiefen Stimme »Ja doch — ja doch«. Für ihn blieb die Zeit in den engen vier Wänden stehen. Sein Gesicht wurde allmählich noch kleiner, die Nase immer spitzer, und der ganze Körper war schließlich nichts weiter als ein Knochengerüst, über das sich die Haut spannte. Kaum, daß er noch einen Gruß mit der Hand winken konnte, wenn wir ihn in einer Hängematte an die frische Luft trugen. Würden wir ihn lebend nach Australien kriegen?

*

Wohin mit der überschüssigen Kraft, wenn im Nordost- und Südostpassat die Segel wochenlang kaum einen Handschlag erfordern? Laßt uns einmal unsere Körperkräfte messen, zeig, was du für ein Kerl bist. Jungs,

zieht euch wieder mal die Boxhandschuhe an (wenn es auch nur Fäustlinge sind), wir wollen mal einen Gang machen! Und so geschah es. Es gab wieder blaue Flekken, etwas Nasenbluten und viel Gelächter, wenn die Kämpfenden in wildem Eifer aufeinanderstürmten.
Und dann erst der griechisch-römische Ringkampf der Schwergewichtler, der gewöhnlich in einen Catch-as-catch-can überging, daß die Decksplanken dröhnten. Einzelne Favoriten schälten sich heraus: so der massige Koch, der Matrose Hannes und der untersetzte Bootsmann, die man gesehen haben mußte, um unser Vergnügen nachempfinden zu können. Säbelbeinig und plattfüßig verschlangen sie ihre Glieder und suchten sich gegenseitig aufs Kreuz zu legen. In der Regel blieb es bei einem Unentschieden.
Auf dem Höhepunkt des Lärms gab der Kapitän gelegentlich eine unerwartete Einlage. Ein verstohlener Wink zum Wachhabenden. Da — was war das? Klingelingeling — klingelingeling — klingelingeling machte die Glocke aufgeregt. Bootsmanöver zur Übung!
Die Kämpfenden erstarrten in der Bewegung, der Ring der Zuschauer löste sich auf, ein jeder stürzte atemlos zu den Rettungsbooten. Die Deckel wurden fortgerissen, Taljen knarrten, zugleich — zugleich, polternd fielen die Klampen, und innerhalb weniger Augenblicke hingen die Boote ausgeschwungen und klar zum Wegfieren in den Davits. Gut so, gut so, das Ganze haaaaalt! Steuermann, mach einen Vermerk ins Schiffstagebuch, wie es die See-Berufsgenossenschaft vorschreibt: Heute Bootsmanöver. Boote und Rettungsgeräte wurden überprüft und in Ordnung befunden, keine augenscheinlichen Mängel festgestellt.

Wie lange war es her, daß ich aus dem Backbordboot fiel? Schon gar nicht mehr wahr und fast vergessen. Der Doktor und die Kameraden hatten recht behalten: dat treckt sick all'ns nach'n Liew! Das renkt sich alles ein, deshalb kannst du doch auf die lange Reise mitkommen. Dies war nun die lange Reise.

*

Wenn die Sonne, fast ohne Übergang von Tag und Nacht, dem Wasser entstieg und nach zwölf Stunden jäh wieder versank, entstanden Lichteffekte und Farbspiele, von denen wir uns nichts hatten träumen lassen. Wundervoll waren diese Tage, wurden aber von der zauberhaften Schönheit der Nächte noch übertroffen.
Bald nach dem abendlichen Wachwechsel um halb sieben Uhr verflackerte der letzte Sonnenstrahl. Während die Freiwache Abendbrot aß, fegte die Wache das Deck und zündete die kupfernen Seitenlaternen an. Damit fand die Arbeit des Tages ihr Ende.
In der Dunkelheit über sich selbst hinauswachsend standen die Segelpyramiden über einer schwimmenden Insel, auf der es in den nächsten drei Stunden lebhafter als sonst zuging. Noch schlief niemand. Auf Luken und Nagelbank hockten Gruppen, oder sie schlenderten längs Deck und erörterten Dinge, deren Geringfügigkeit in keinem Verhältnis zum Eifer stand, den man ihnen entgegenbrachte. Hart prallten manchmal die Meinungen aufeinander. Dann erhoben sich die Stimmen, so daß Gesprächsfetzen achteraus schallten und der auf und ab wandernde Steuermann innehielt und interessiert lauschte. Durch das Dunkel glühten die selbstgedrehten

Zigaretten. Ein Volkslied schwang sich über Schiff und Meer.

So gegen neun, halb zehn wurde es allmählich stiller und stiller. Einer nach dem andern holt sein Kojenzeug aus den stickigen Logis, in denen noch die Hitze des Tages lagerte. Einer nach dem andern begab sich auf den Luken unter den lohenden Sternen zur Ruhe. Die Gespräche versickerten und hörten schließlich ganz auf.

Aus den weit offenen Türen des Handwerkerlogis fiel ein breiter Lichtschein: der Zimmermann las gewöhnlich noch. Auch unter dem vorspringenden Achterdeck brannte noch eine Lampe: Koch und Steward legten Patience. Auch diese Lampen verlöschten nach einer Weile. Alles schlief.

Achtern warf die Kompaßkugel ihren Widerschein auf das Gesicht des Mannes am Steuer. In einer Ecke döste der Läufer. Tap-tap machten die Schritte des Wachhabenden. Über die Back glitt der Schatten des Ausgucks von einer Seite zur anderen. Sein stündliches »Lampen brennen« und das von achtern als Antwort kommende »Allright« waren die einzigen Rufe in der Stille. Eine schier traumhafte, überirdische Stille, die von keiner Schiffsmaschine gestört wurde ...

Hin und wieder murmelte eine Welle, ächzte eine Rah, klapperte ein Block oder zerrte ein Segel an seiner Schot.

Der Mond erschien wie ein Lampion, versilberte die Segelpyramiden auf der einen Seite und ließ sie auf der anderen tiefschwarze Schatten werfen. Über die Schläfer der Luke fiel der Schatten des Großtopps. Zwischen Traum und Wirklichkeit schwebte das Vollschiff durch die Nacht, dem Wendekreis des Steinbocks entgegen.

Ich mochte vor allem auch die Ausguckstunden sehr gerne, in denen man mit sich und seinen Gedanken alleine war. Lichte und saubere Gedanken, die einem zwischen dem unendlichen blaßblauen Sternenhimmel, dem Kreuz des Südens und dem weiten dunklen Meer in den Sinn kamen, wenn man über die an dieser Stelle von vielen Füßen schon abgetretenen Planken lief. Während die Bugwelle leise rauschte, die Seitenlaternen glühten, während Meile um Meile achteraus sackte und der dünne Schiffsboden über Tiefen hinwegglitt, deren bloße Vorstellung einen bedrückte. Man verspürte etwas Unsichtbares und Erhebendes, etwas, das keinen Namen hatte und doch da war und uns dem Allmächtigen nahebrachte.

*

»Schlappkist', Schlappkist'!«

Der Steward rief es längs Deck. Er hatte wieder seine weiße Jacke an, es war Sonntagvormittag. Das sonderbare Worte wurde aufgefangen und weitergegeben. Wer es hörte, unterbrach seine Beschäftigung. Schlappkist'!

Aus den Logis kamen sie zum Vorschein und marschierten achteraus, wo ihnen das Wort ausnahmsweise einmal den Salon des Kapitäns öffnete. Sie kamen als Käufer. Nach altem Brauch führte der Alte nämlich ein kleines Warenlager mit sich, auf eigene Rechnung und Gefahr. Kleinigkeiten und Krimskrams für den täglichen Gebrauch. Und in einer großen Kiste, der englischen »slop chest«. Daher das Wort. Da drängten sie sich im Gang, rückten ihre Hosen zurecht, drehten die Mütze in den Händen, scharrten mit den Füßen.

»Morgen, Herr Kapitän.«

»Morgen, Arthur, was soll's heute sein?«
»Tja, Herr Kap'tän, ich hätt' gerne ein Pfund hellen Tabak und etwas Zigarettenpapier — und dann noch Streichhölzer natürlich.«
Der Alte griff in seine Kiste.
»Streichhölzer, Papier und Tabak. Ein Pfund, das wären zehn Päckchen, hier sind sie. Sonst noch etwas?«
»Danke, Herr Kap'tän, ein andermal, heute reicht's.«
»Wie ihr wollt — hier unterschreib.«
Und Arthur unterschrieb. Geld wollte der Alte nicht, bei der Abmusterung würde er es aufrechnen und von der Heuer abziehen. Wo sollte auf See auch Bargeld herkommen.
»Der Nächste!«
»Guten Morgen, Herr Kapitän.«
»Morgen, Timmermann, na —?«
Und weiter ging es so, je nach Bedarf: Seife, Pfeifen und Tabak, Zigarettenpapier, Nadel und Zwirn, wollene Socken und Stopfwolle, Unterzeug, Scheidemesser und Schals, leichte Passatmützen und Fäustlinge, Hühn und Pardühn, kurz, jene vielen kleinen Dinge, die man nun einmal zum Leben braucht. In unserer kargen Welt wurden sie schier unersetzlich.
Die Zeit bekam allmählich ein Gewicht, das sich körperlich spürbar auf uns zu legen schien. Die Zahl der auf See zugebrachten Tage ging schon in die Fünfziger. Immer nur Wind, Wolken und Wellen; ein pendelnder Horizont, bald messerscharf, bald verwischt. Im Mittelpunkt von allem das Schiff, eine Konstruktion aus Stahlplatten, Holz, Tauwerk und Leinwand. Drum herum das Meer, bald kraus wie ein zerfaltetes Tuch, bald träge wie eine Schüssel voll Quecksilber.

Der Segler wurde zu unserer großen Mutter. Er lief mit uns eine endlose Straße entlang. Eine Straße, die sich durch eine Wasserwüste von Horizont zu Horizont erstreckte und kein Ende nahm. Der Segler wurde zu unserm Käfig, überschattet von grauer Einförmigkeit, die zunahm und den Gewitterwolken glich, die jetzt allabendlich in Richtung der brasilianischen Küste drohend und wetterleuchtend in der Luft hingen.

*

Gelangweilt lehnte der Koch seine tätowierten Arme auf die Verschanzung und schaute über das schlaftrunkene Meer. Die Mannschaft trank Kaffee oder vielmehr das, was man so Kaffee nannte und in das man Hartbrot stippte. Der Koch genoß diese Ruhepause, bevor es für ihn wieder Zeit wurde, das Abendbrot anzurichten. Das Wasser war voll »Bi de Winders«, voll von jenen handgroßen, kammartigen Blasenquallen, die aus dem Wasser herausragten und vor dem Winde dahintrieben. Der Koch spuckte über Bord, dieser Dreck! Seinetwegen konnten sich wieder einmal Bonitos sehen lassen, eine Art Thunfische. Sie gaben so schöne, frische Filets und waren so prall und rund, daß sich an einem einzigen Bonito die halbe Besatzung sattessen konnte. Man brauchte nur eine Leine mit einem weißen Lappen über Bord zu fieren, schon schnappten sie danach. Nur wenn man sie brauchte, ließen sie sich nicht sehen.
Das Schiff warf seinen Schatten aufs Wasser, die See zeichnete glasige Reflexe. Der Koch wurde müde und dösig. Was war das? Kamen die Bonitos, oder gaukelten seine Sinne ihm einen Wunschtraum vor? Da — jener unter der Oberfläche hin- und herhuschende Streifen,

mal heller, mal dunkler, was war das? Das war kein Bonito, lang wie ein Torpedo war er. Das war doch — eine dreieckige Rückenflosse erschien.

»H-h-haifisch beim Schiff!« schrie der Koch gellend auf und sprang von der Reling zurück. Hastiges Trampeln nackter Füße auf hölzernen Planken, erregte Stimmen.

»Siehst du ihn? wo ist er?«

»Da doch! Da!«

»Junge, Junge — was für ein Brocken.«

»Stürmann, Stürmann, ein Hai!«

Seht Jungens, das ist ein Haifisch, der schlimmste Feind des Seemannes, wenn man den Literaten trauen darf. Der Erbfeind sozusagen. Aufgeregt gestikulierend zeigte man einander den Räuber, der sich verzog, wobei er die vom Koch nachgeworfenen Speckstücke gelassen verschluckte.

»Hungrig ist er, der kiekt den pausbäckigen Moppel direkt interessiert an.«

»Ach nee, dicken Schott, du bist auch nicht mager, mein Lieber, dem Hai läuft schon das Wasser im grinsenden Maul zusammen.«

Schon seit den Tagen des klassischen Altertums kennt man ihn. Aristoteles beschrieb ihn uns wissenschaftlich genau, die Herkules-Mythe wird mit ihm verknüpft, und selbst Plutarch legte ein gutes Wort für ihn ein. Wahrheit und Dichtung beschäftigen sich mit dem formschönen Tier. Aber jene römische Meinung gilt noch heute: Bewahre mich, o Jupiter! Es wäre für einen Sterblichen Strafe genug, unbegraben von den Wogen umhergeworfen zu werden; doch den Magen des rasenden Ungeheuers zu füllen, würde die Schrecken eines solchen Loses vervielfachen . . .

Da kam auch schon der Bootsmann mit einer Haiangel angelaufen und machte all unseren Überlegungen rasch ein Ende.

»Schnell, schnell, Bootsmann, hoffentlich läuft er uns nicht weg.«

Der Bootsmann klarierte sein Gerät.

»Man immer sachte, den Burschen ködern wir uns noch.«

An das Ende eines Zeisings kamen ein Stückchen Kette und ein starker Haken. Wieder mußte Speck herhalten — »Steck an, Koch« —, dann senkte sich das primitive Fanggerät übers Heck nach unten. Das Achterdeck, zu anderen Zeiten ängstlich gemieden, war jetzt schwarz von Menschen. Alle Blicke hingen wie gebannt an dem Speck.

Der Hai beschrieb große Kreise, die allmählich immer enger wurden. Er hatte zwei kleine Lotsenfischchen bei sich, die üblichen Begleiter dieser kurzsichtigen Räuber. Deutlich sichtbar lösten sich diese nun von ihm los und beschnupperten die pendelnde Angel. Anscheinend hatte nichts ihr Mißtrauen erregt; denn kaum waren sie wieder zu ihrem Herrn zurückgewedelt, da schoß dieser schon vor.

Wieder wälzte er sich auf dem Rücken. Der Haken verschwand zwischen den dreifachen Zahnreihen eines mörderischen Gebisses, und als dieses zuklappte, fielen wir alle ein. Das erschrockene Tier wollte noch seitwärts fortspringen, da hing es schon halb in der Luft, der Haken hatte seinen Rachen durchbohrt. Für einen Augenblick blieb es überrascht und aus kleinen Augen starrend ganz ruhig. Es versuchte die Angel durchzubeißen, aber das Stückchen Kette machte es ihm unmöglich. Als ihm das nicht gelang, schlug und peitschte der Hai durch

seine von Angst und Wut übersteigerte Kraft das Wasser zu Schaum. Doch half ihm alles nichts.
»Hol em up, hol em up!« brüllte der Kapitän und warf den Tampen in einen Block. Wir rannten längs Deck, es gab einen Ruck, und hinter uns fiel ein schwerer Körper über die Achterreling. Wir stolperten die Treppe hinunter aufs Großdeck, und so liefen, zerrten und schleiften wir die Bestie buchstäblich an Bord. Da lag sie nun beim Großmast, schier vier Meter lang, teilte mit ihrer Schwanzflosse wuchtige Schläge aus, und eine Wasserlache verzweigte sich in viele kleine Arme.
Wie von Sinnen stürzten wir uns auf das Tier, geschickt die Pausen zwischen den dröhnenden Hammerschlägen seiner ungebändigten Raserei abpassend. Sie waren von hageldicht fallenden Hieben und Stichen erfüllt. In dem glatten, muskulösen Körper klafften zahlreiche Wunden. Wieder und wieder ließ der Koch eine Handspake wuchtig auf den Kopf des Haies sausen. Der Zimmermann zerschmetterte mit der Axt das Rückgrat und trennte die Schwanzflosse ab. Ein Rausch überkam uns ...
Das hübsche Gesicht von Klint zeigte ganz verzerrte Züge. Moppel, das Kind, hatte nichts Kindliches mehr an sich. Hans-Günther ließ all seine Zurückhaltung fallen. Dem langen Spieß quollen die Augen aus dem Kopf, und mit dem lütten Sprengel wie ein Wilder umhertanzend, stieß er unartikulierte Laute aus. Hein erinnerte nicht mehr an Hermann Löns, eher an einen tobenden Landsknecht. Stecht zu, schlagt tot! Der Zweite sah aus wie bei einer Wirtshausrauferei, und selbst Alexander der Dritte, na und so weiter. Waren sie das noch? War er das noch, der stille, wunderliche Matrose Franz, wie

	Vorroyal
	Vorbramsegel
Außenklüver	Vorobermarssegel
Innenklüver	Voruntermarssegel
Stagfock	Fock
	Vortopp

Segelriß des Vollschiffes »Greif« ex »Edouard Bureau« ex »Wiscombe Park«

Großroyal	
Großoberbramsegel	Kreuzroyal
Großunterbramsegel	Kreuzbramsegel
Großobermarssegel	Kreuzobermarssegel
Großuntermarssegel	Kreuzuntermarssegel
Großsegel	Bagien
Großtopp	*Kreuztopp*

er mit einem einzigen kunstgerechten Schnitt den Fischleib der Länge nach auftrennte? Der Hai aber war nicht totzukriegen, lebte und zuckte noch immer!
Unterm Heck schwammen die verlassenen Lotsenfischchen umher, aufgeregt ihren Beschützer suchend. Wir schnitten und schnitten. Einer sicherte sich das Gebiß, ein anderer das elastische Rückgrat. Er meinte, es ließe sich ein Spazierstock daraus machen. Aber was wollte er damit? Wieder ein anderer gedachte, die Rückenflosse seiner ehemaligen Penne zu schenken. Mit einem silbernen Schildchen: Gestiftet von ...
Die Schwanzflosse nagelten wir nach altem Brauch an die Spitze des Klüverbaums. Sie würde uns guten Wind bringen. Die Weichteile warfen wir außenbords.
Mitten im blutigen Handwerk überfiel uns die Nacht. Unsere Körper waren schweißgebadet, unsere Hände besudelt. Jeder hatte die Maske fallen lassen. Schließlich aber lebten wir in einer Welt, die nur Härte und keine Halbheiten duldete.
»Das g-g-gibt einen H-h-haisturm«, prophezeite düster der Koch.

*

Den kranken Adolph hatte man darüber völlig vergessen. Man fand ihn mit geschlossenen Lidern, durch die die Augäpfel durchschimmerten.

Im Westwind schlingernd – Dreizehn Albatrosse – »Man erntet nur einmal im Jahr« – Ostern auf dem Indischen Ozean

Der Koch sollte sich geirrt haben, es gab keinen Haisturm. Dafür kamen die braven Westwinde. Sie waren fällig und kamen mit der Pünktlichkeit einer Uhr, auf die man sich eingestellt hatte. Die Schiffsleitung, indem sie die leichten Passatsegel fortnehmen und durch das schwere Tuch wieder ersetzen ließ. Wir selbst, indem wir unsere Wollsachen hervorholten und die wasserdichte Schutzkleidung mit Leinöl einrieben, das steif und glitzernd in den letzten warmen Sommertagen trocknete. Der Südostpassat lag nahezu hinter uns. Das Paradies konnte nicht ewig vorhalten, es mußte einmal ein Ende nehmen. Als es dann wirklich zu Ende ging, geschah es über Nacht und hochdramatisch mit Blitz und Donner, daß uns plötzlich fror.

»Klar bei Backbord-Kreuzbrassen!« Die Rahen wurden mehr und mehr vierkant geholt, und ›Greif‹ machte unter den einsetzenden Windstößen schnelle Fahrt. Die Bugwelle verlor ihr idyllisches Murmeln, der Steven schleuderte die Gischt nach den Seiten, und der schlanke Schiffskörper zerpflügte den Südatlantik. An der Bordwand begann es wieder aus tausend Wirbeln zu zischen, die an den Stahlplatten entlangstrichen und hellgrün und wie Selter schäumend zurückblieben. Immer ist bei schneller Fahrt dieses Zischen in der Luft, bis man es zuletzt schon nicht mehr hört, so fein geht es ins Ohr.

Man merkt den neuen, östlichen Kurs nicht nur am Kompaß, eher noch an den Gestirnen. Die Sonne ging nicht mehr linkerhand auf und rechterhand unter. No Sir, wir segelten ihr entgegen und ließen sie abends im Kielwasser: ein Zeichen, daß wir im großen Bogen nunmehr aufs Kap der Guten Hoffnung zuhielten. Wir würden es nicht zu sehen bekommen. Der Kurs führte in gehörigem Abstand daran vorbei.

In einer jener Stunden, in denen sich der Tag anschickt schlafen zu gehen, passierten wir einen Meilenstein auf unserem langen Wege: das Leuchtfeuer von Tristan da Cunha. Ein Lichtlein über der Tiefe, ein einsames Sternchen. Das war alles. Regenflagen verschleierten das hohe Land, eine der letzten Inseln ungestörter Menschheit auf dieser Erde, auf die sich gerade in unseren Tagen einmal die Augen der ganzen Welt richten sollten. Wir ließen es am Wege zurück, wie wir schon so vieles zurückgelassen hatten. All das eingeschlossen, was unsern Altersgenossen an Land lieb und teuer war: verwandtschaftliche und freundschaftliche Bindungen, Sport, Spiele, Zivilisation und Geborgenheit. Unser Leitbild war der vollkommene Seemann, um es einmal so auszudrücken.

Der Westwind hatte uns etwas mitgebracht, was nur wenige Menschen zu sehen bekommen: die Albatrosse. Auf einmal waren sie da! Mehr segelnd als fliegend trieben sie in eleganten Figuren dahin. Mit gespreizten Schwingen, vier Meter breit, standen sie regungslos in der Luft und ließen das große Schiff unter sich hindurchgehen. Eine für das Auge nicht wahrnehmbare Bewegung genügte, um sie in weiter Kurve ausscheren zu lassen, und indem sie ihre Flügelstellung kaum veränderten, schwangen sie sich hinauf oder ließen sich absinken. Getragen vom Aufwind unserer Segel musterten sie aus kalten Augen das Treiben an Deck, immer bereit, über Bord geworfene Abfälle aufzupicken. Dann glitten sie nieder, blieben mit gefalteten Schwingen in den hohen Trögen der Dünung verschwindend achteraus, während die leer ausgegangenen Vögel gegen die Reling vorschnellten.

Ihre Energie schien unerschöpflich, und obwohl die Anzahl der zurückgelegten östlichen Längengrade sich zusehends mehrte, hielten sie spielend mit. Sie beäugten uns, wenn wir auf den Knien lagen und mit Sand und Scheuersteinen das Deck schrubbten. Ihr Gekreisch vermischte sich mit dem Aussingen der Morgenwache, die beim ersten Tageslicht die über Nacht losegekommenen Brassen steifsetzte. Ihre Schatten strichen über den Mond und durch den milden Schein der Seitenlaternen, wenn diese brannten. Wir steckten sie zuletzt schon nicht mehr an, um Petroleum zu sparen, und da die Chance, einem anderen Schiff zu begegnen, gleich Null war.

Je näher wir dem Kap kamen, um so mehr Vögel gesellten sich zu uns: die kleinen Kaptauben, die Mollyhawks, die Malamoks, Marlspieker und andere, deren Namen wir nicht kannten. Aber als wir tatsächlich den Längengrad des Kaps der Guten Hoffnung überschritten, verschwanden sie alle wieder miteinander und nur die majestätischen Albatrosse blieben uns weiterhin treu. Sie waren nicht so landgebunden wie die kleinen Vogelarten und horsteten auf verlorenen Eilanden in der

Weite des Weltmeers. Viel Seetang trieb vorüber. Irgendwo sollten die Crozets liegen, ein paar armselige Inselchen.

*

Durch das kleine Bullauge der Werkstatt schauten abwechselnd die Sonne und der Ozean herein. Der Meister und Hannes hantierten mit Blechstücken. »Dies hier ist gerade richtig«, meinte Hannes und wog eines in der Hand, »es darf nicht zu leicht sein, sonst verbiegt es sich, und auch nicht zu schwer, denn es soll ja schwimmen.«
Der Meister schnitt mit der Blechschere einen dreieckigen Rahmen zurecht. Interessiert sahen wir zu.
»Sieht aus wie ein Zeichendreieck, wie wir's immer in der Schule brauchten, wollt ihr was entwerfen?« fragte Klint.
»Den Liebesbrief von der dicken Aujuste fühlt doch'n alter Mann mit'n Krückstock.«
»Zum Zeichnen ist es nicht«, bemerkte der lütte Sprengel, »Hannes bindet Kork ran. Es kommt also ins Wasser, nicht wahr?«
»Dreimal dürft ihr raten«, entschied Hannes, »nachher dürft ihr mir helfen.«
In diesem Augenblick steckten die Matrosen Moppel und Sigi ihre Nasen herein. Sie hatten ein langes Ende Schiemannsgarn bei sich, jene Sorte kräftiges Teergut, mit dem man die Stahltaue stellenweise zu bekleiden pflegt. »Wie weit bist du schon, Hannes? Der Alte ist einverstanden, wir können auf der Puup angeln.«
»All right«, rief Hannes und schickte sich zum Gehen, »ich komme gleich, kommt mit Jungs.«
»Wohin denn?«

»Fragt nicht so dämlich, wir gehen angeln.«
»Angeln?« wiederholten wir ungläubig, »mit dem Dreieck, was willst du damit bloß kitschen?«
»Was will ich wohl damit kitschen«, äffte Hannes nach, »wir angeln Albatrosse, es ist die leichteste Sache von der Welt.«
Er ließ sich vom Koch einen Streifen Salzspeck geben, den er sorgfältig um das Dreieck wickelte. Wir waren sprachlos. Albatrosse angeln, wer hätte je so was gehört?
Achtern, am Ruder, stand der blonde Leichtmatrose Sievers aus Hannover und griff mit kräftigen Fäusten in die Speichen des mannshohen Rades. Ein bißchen nach Backbord, ein wenig nach Steuerbord, Hannover war weit. Auch er hatte diesen Sport offenbar noch nicht kennengelernt und bemühte sich nun, neben Kompaß und Segel auch noch das zu erfassen, was sich hinter seinem Rücken abspielte. Wohlwollend trat der Wachhabende hinzu.
Die Matrosen banden den dreieckigen Blechrahmen an die dünne Leine und ließen ihn hinunter. Als er das Wasser berührte, fing er an aufzuschwimmen und die Leine kam steif. »Steck aus, fier weg!« rief Hannes. Wie würden sich die Albatrosse verhalten?
In großen Schleifen segelten die Albatrosse hinterher. Neugierig musterten sie das eigenartige Etwas, das da an der wohl hundert Meter langen Leine hinterherschleppte. Es dauerte nicht lange, da schickte sich einer zum Wassern an, ein großer, grauer. Im Gleitflug ging er nieder. Noch ein paar bremsende Gegenschläge mit den Flügeln, dann setzte er auf und schnappte wie der Blitz mit seinem hakenförmigen Schnabel nach dem

Speck. Sofort verklemmte sich sein Schnabel in einer Ecke des Dreiecks, und nun wurde der ganze, große Vogel durch die Fahrt des Schiffes mit einem Ruck durchs Wasser gerissen. Verblüfft und abwehrend streckte er die breiten Schwimmfüße von sich. Das verstärkte nur noch seinen Halt an der Angel, und wir brauchten nichts weiter zu tun, als ihn sachte und gleichmäßig heranzuholen.

»Holt ein, Jungens, holt ein, Hand über Hand! Schön steif die Leine, dann kann er nicht mehr weg!«

Der Albatros ließ nicht locker. Sein verklemmter Schnabel konnte es auch wohl nicht. Wie ein Haken hielt er noch fest, als wir ihn aus dem Wasser hoben, ihn Hand über Hand hochzogen und über die Reling lüfteten. Heil und unversehrt, keine Feder war ihm gekrümmt worden. In der Tat, es war die leichteste Sache von der Welt. Hannes hatte wieder einmal recht gehabt.

Da watschelte der große Vogel nun unsicher ein paar Schritte an Deck umher und beäugte aus bernsteingelben Lichtern die zweibeinigen Geschöpfe, die ihn überlistet hatten und nun von allen Seiten angelaufen kamen. Er war ganz harmlos und zutraulich und hatte wohl noch nie was mit Menschen zu tun gehabt. Und dann passierte etwas Merkwürdiges mit dieser Kreatur der Winde. In schwersten Stürmen erprobt, auf den Köpfen der Wellen zu Hause und als Federball von ihnen umhergeschleudert, wurde er auf den träge pendelnden Schiffsplanken richtig seekrank. Noch ein paar torkelnde Schritte, dann sank er zusammen. Sein Hals ruckte mehrmals nach vorne, würgend entquoll seinem Schnabel der Mageninhalt.

»Warum fliegt er denn nicht auf und davon?« staunte

der Kochsmaat. Der erfahrene Koch musterte den Rotkopf geringschätzig. »Kannst das nicht selber sehn? Ist viel zu schwer und plump, bekommt keinen Wind unter die Flügel.«
»Nun seht euch das bloß an«, schrien wir übermütig, »übergibt sich wie ein Schiffsjunge auf der ersten Reise.« Inzwischen mehr als seefest geworden, hatten wir gut lachen. Oh, war das ein Spaß! Die leichteste Sache von der Welt und sauberer als der Haifischfang. Noch mehr Angeln ausgesteckt, mal sehen, ob sie wohl kommen. Und sie kamen. Einen nach dem andern holten wir an jenem Nachmittag aus dem großen Teich an Bord. Zwei, drei, vier, ein halbes Dutzend. Zwölf, dreizehn, ein Riesenspaß, wie sie zwischen unseren Beinen umherwatschelten.
»Stopp das Ganze, aufhören!« Der Kapitän hatte es gerufen. Er hatte sich von seinen Segelhandbüchern und der Briefmarkensammlung gelöst, sich unters Volk gemischt und den lieben langen Nachmittag belustigt zugesehen. Nun war das große, glatte Gesicht ernst geworden. »Wir wollen nicht sinnlos fangen, ein Dutzend ist mehr als genug.«
Der Dreizehnte wußte gewiß nicht, wie ihm geschah. Als er die riesigen Flügel faltete, wurde er zum schweren, plumpen Schwimmkörper. Kräftige Hände packten ihn und warfen ihn schwungvoll über die Reling. Noch im Fallen spreizte er seine Schwingen, verwandelte sich im Handumdrehen wieder in einen Segelflieger und stieg in großen Schleifen in die Höhe. Aber nur, um sich weiterhin an unsere Fersen zu heften.
Mit den Gefangenen aber machte der Koch kurzen Prozeß. Sie wanderten in Potten und Pannen. Geflügel

war eine willkommene Abwechslung. Daß es tranig schmeckte, wollte niemend behaupten. Vielleicht rührte das daher, daß wir schon monatelang kein Frischfleisch mehr gekostet hatten und es immer noch besser schmeckte als die Bauchlappen vom Salzfleisch. Die mußte der Koch erst einmal vierundzwanzig Stunden in großen Baljen wässern, ehe sie genießbar wurden.
Hinzu kamen die Nebenprodukte! Die den Albatrosfüßen abgezogenen Schwimmhäute ergaben einzigartige Tabaksbeutel. Die gelben Raubvogelschnäbel kochten wir aus und befestigten sie auf Teakholzbrettchen. Aus den Flügelknochen wurden Flöten gemacht. Und die schwarz und weiß, braun und grau gesprenkelten Bälge aus dichten Daunenfedern ließen sich leicht präparieren. Mal sehen, was wir damit anfangen.
Die Albatrosse selbst wurden weder argwöhnisch, noch nahmen sie uns den Fang übel. Sie folgten dem Vollschiff weiterhin über Tausende von Seemeilen. Bei Flaute hockten sie in Scharen um das Schiff herum und kakelten. Hin und wieder versuchte einer aufzusteigen, meist vergeblich. Soviel er auch mit den Flügeln schlug und mit den Füßen ruderte, er kam nicht hoch. Sein Gewicht drückte ihn aufs Wasser zurück. Erst mit aufkommendem Seegang konnte er vom Kamm einer Woge aus starten, wenn sich der Gegenwind unter seinen Schwingen verfing und ihn hochriß.
Hannes aber fühlte sich groß in Form. »Albatrosse gibt es nur in den kühlen südlichen Breiten«, erzählte er uns, »das Britische Museum, oder was es sonst ist, hat einen hohen Preis demjenigen zugesichert, der einen lebenden Albatros mit nach Europa bringt. Bisher hat das noch niemand geschafft. Alle Albatrosse, die man aus

dem südlichen Erdteil über den Äquator hinweg nach Norden zu bringen versuchte, gingen ein. Sie können eben die Hitze nicht ertragen. Könnt ihr euch das vorstellen?« Wir konnten uns das ganz gut vorstellen.

Es wurden keine Albatrosse mehr gefangen. Es stimmte schon, was die Matrosen behaupteten: Albatrosangeln ist nur unter besonderen Umständen möglich, genauer gesagt, bei einer gewissen Geschwindigkeit. Bei Flauten kommt die Angel nicht steif, und die Albatrosse machen sich einfach wieder los. Bei zu schneller Fahrt liegt die Angel selbst nicht ruhig genug und tanzt über das Wasser weg. Darum geht es von einem schnellen Dampfer aus auch nicht. Aber so zwischendurch, da ist es gerade richtig. Bei uns hat's jedenfalls geklappt.

*

So günstig trafen wir es nicht mehr. Im Indischen Ozean machten wir die schnellsten Tagesdurchschnitte mit einer Spitzengeschwindigkeit von zwölf, dreizehn Seemeilen stündlich, die manchen Dampfer übertroffen hätte. Nur — es gab auch dort, wo wir segelten, keine Dampfer. Keine Rauchwolke zeigte sich am Horizont, wir blieben immer allein, einsame Einzelgänger. Vollschiff ›Greif‹ lenzte fast unter vollem Zeug vor dem ständigen Westwind in einer See, deren Kraft der Sturm zur gigantischen Wucht steigerte. Zitternd und stöhnend warf sich das hochbordige, halbleere Schiff von einer Seite auf die andere. Beim jedesmaligen Überholen setzte in der Takelage zuerst ein vereinzeltes, dann stärkeres Geprassel ein, bis zuletzt und kurz vor der größten Neigung wahre Salven durch die Lüfte knatterten. Das machten die vielen, in den hohlen Rahen irgendwie zurückgebliebenen Nieten. Die Schoten der Segel krachten und knackten und zerrten an den Scheiben der Blöcke. Die fahrtmessende Logge spannte sich wie eine Sehne. Die Verschanzung tauchte hin und wieder ein, und vorwitziges Wasser schöpfte an Deck. Doch der Erste lachte nur schallend: »Mit trockenem Deck kann auch meine Großmutter zur See fahren.«

Beim Essen rutschte die Linsenschüssel quer über den Tisch. Bevor sie jemand packen konnte, prallte sie gegen die Schlingerleisten, und die Linsen wurden wie ein Mosaik gegen Wand und Decke gespritzt. Die Teller folgten. Kaum hatten wir sie wieder erwischt und hielten sie fest, begann die Bank loszufahren. Wir laschten die Bänke fest und rutschten nun selber darauf herum, bis wir uns mit den mittlerweile erkalteten Linsen in eine Ecke auf den Fußboden setzten.

Beim Steuern mußte man mit zwei Mann gehörig aufpassen, daß einem der Kahn nicht aus dem Ruder lief und außer Kontrolle geriet; denn es wehte jetzt immer mehr oder weniger hart. Nichtsdestoweniger konnte man manches aufschlußreiche Zwiegespräch dort hinten mit anhören.

»Das alles kann uns nur recht sein, wenn dabei auch dieses oder jenes Segel flöten geht. Kommen wir doch unserm Ziel schnell ein gutes Stück näher.«

Breitbeinig, die Hände tief in den Hosentaschen, einen wollenen Schal um den Hals, stand der Kapitän auf dem Achterdeck und redete auf den Arzt ein: »Bedenken Sie doch, das Ganze ist ein Zusatzgeschäft. Was meinen Sie wohl, was es bedeutet, ein Segelschiff im Ballast um die halbe Erde schicken zu müssen.«

Der dürre Doktor, dem man nach dem Urteil der Ma-

trosen ›das Vaterunser durch die Backen pusten‹ konnte, suchte wegen des heftigen Schlingerns einen Halt am Kartenhaus. Er fror sichtlich und fand es wohl nicht sehr gemütlich. Ungerührt fuhr der Alte fort:
»Das bedeutet für die Reederei, ihr Schiff vorweg erst einmal auszurüsten und das Risiko und die Unkosten einer Hundert-Tage-Reise auf sich zu nehmen. Sie muß die Besatzung verpflegen und bezahlen, das Schiff versichern. Sie muß Hafengelder aufbringen, Lotsen und Schlepper annehmen. Ganz zu schweigen vom Umbau zum Schulschiff, was ja auch allerhand kostete. Und alle diese Gelder streckt sie vor, ohne bis dahin auch nur einen einzigen blanken Shilling an Einnahmen verzeichnen zu können.«
Die Brillengläser des Doktors funkelten. »Ist es denn wirklich so schwer, für einen Segler eine Ladung nach Australien zu bekommen. Es werden doch sicher eine Menge Waren dorthin geschickt.«
Der Kapitän runzelte die Stirn. »Schwer ist gar kein Ausdruck. Wenn man Glück hat, erwischt man von Skandinavien eine Ladung Schnittholz nach dort unten. Alles andere haben sich schon die Dampfer unter den Nagel gerissen, wie man so sagt. Die bedienen den fünften Kontinent mit festen Linien nach einem bestimmten Fahrplan.«
»Und wie ist es auf den anderen Routen?«
Der Alte winkte mißmutig ab. »Das haben Sie ja vor der Ausreise selbst gehört. Was sich irgendwie lohnt, das nehmen die Dampfer wahr, vor allem Stückgut. Für einen Windjammer bleiben nur noch die billigen Massenladungen übrig. Und auch damit hapert es jetzt. Da war beispielsweise der Transport von Chilesalpeter bis

vor dem Kriege fast ausschließlich Sache der Segelschiffe. Als jedoch der erste Weltkrieg zu Ende ging, hatte sich das abgeschnittene Europa inzwischen selbständig gemacht und holte sich seinen Stickstoff aus der Luft. Es pfiff auf den Chilesalpeter. Die Segelschiffe wurden allmählich arbeitslos.«

»Was machten sie denn nun?« fragte der Arzt.

»Was machte man mit ihnen«, korrigierte der Alte bitter, »nun, sie wurden abgewrackt und verschrottet. Wenn man von den paar Laeisz-Seglern aus Hamburg absehen will, kann man sich die restlichen deutschen Windjammer an den fünf Fingern abzählen. So ist das eben.«

Der Doktor sah das ein. »Dann bleibt also nur noch die Weizenfahrt von Australien übrig, wenn ich recht verstanden habe. Und um eine Ladung Weizen zu bekommen, muß man erst einmal leer an Ort und Stelle fahren.«

»Genauso ist es«, nickte der Alte, »und dabei nützt einem nicht einmal die Schnelligkeit besonders. Man ist nämlich vom Wachsen des Korns abhängig.«

»Inwiefern?« staunte der Arzt.

»Sehr einfach. Sehen sie, man erntet schließlich nur einmal im Jahr den Weizen, man macht nur eine Weizenreise im Jahr. Je schneller man segelt, um so früher bindet man wieder an und ist bis zur Weizenernte des nächsten Jahres arbeitslos. Dann erst kann man sich wieder in Marsch setzen.«

»So, Doktor«, schloß der Alte seine Epistel, »nun wollen wir mal nach unten gehen und einen Schnaps trinken, mir wird kalt.«

Und damit guckte er nochmal auf den Kompaß, brummte mißbilligend vor sich hin, sah nach den Segeln und ver-

schwand. Am Ruder stand des Alten Neffe: Karl, der Leichtmatrose.
Vor dem Winde rollte das Vollschiff ›Greif‹ durch den Indischen Ozean ostwärts. Fortlaufendes Segelbergen und Segelsetzen brachte uns alle Hände voll zu tun. Beim Arbeiten in den Toppen entriß uns der Wind die Mützen, und manchmal lösten sich beim hastigen Arbeiten auch unsere Scheidemesser vom Gürtel und fielen hinunter. Die schwirrten durch die Luft, scharf geschliffen und gefährlich, und schlugen sich tief in die Planken. Oder sie schossen auf Nimmerwiedersehen den Mützen nach in die große, nasse Seekiste, wie wir es auszudrükken beliebten.
Nach meinem Tagebuch wuschen wir uns in dieser Zeit seit vierzehn Tagen wieder einmal gründlich! Dazu wäre es noch nicht gekommen, wenn wir den nahenden Regen vorausgesehen hätten. Gerieten bald in ein Gebiet, für das die Karte »Regen zu allen Jahreszeiten« angab. Wie triefende Wasserbeutel zogen die Wolken über uns hinweg. Eine sonderbare Feuchtigkeit fiel von oben, verschmierte die Aufbauten und überzog das spiegelblanke Deck mit einer glitschigen Schicht. Aus den schwammigen Zwischensohlen unserer Seestiefel drückten sich kleine Bäche. Wir wurden bis auf die Haut klamm und kühl. Alles, was man anfaßte, war feucht. Sogar die Wände in den Unterkünften beschlugen. Der Zweite lehrte uns einen seiner ›frommen Sprüch‹, von denen er viele im Kopfe hatte.

Kriegst du nach dem Regen Wind,
mach das Segel fest geschwind.
Kriegst du nach dem Winde Regen,
kannst dich getrost zur Koje legen.

Wehte es einmal zu hart, drehten wir bei und ließen uns bei kleiner Segelfläche einfach treiben, nach der Formel »as he geiht«, wie er geht. Der Erste, ein beachtlicher Wetterkundiger vor dem Herrn, führte die Wetterlage auf den Ausläufer eines der berüchtigten Mauritius-Orkane zurück.
Bei kleinem wurde der Proviant knapp. Die ersten Ratten verließen die Laderäume, in denen sie hungerten, huschten über Deck und wagten sich vereinzelt sogar in unsere Quartiere.

*

Die Zeit ging dahin. Und auf einmal war es Ostern.
Ostern im Indischen Ozean! Der sechsundachtzigste Tag der Ausreise. Seit längerem war es wieder schön, obwohl das Gewicht der großen Rahsegel die Kraft der schwachen Brise überwog. Immer wieder fingen die schon etwas ausgeblichenen Lappen an, sich zu blähen, schlugen aber jedesmal in Falten zurück. Für Stunden war der Ozean so glatt und glasig, daß man unterm Heck in Spiegelschrift deutlich Schiffsnamen und Heimathafen lesen konnte: Greif — Stettin.
In der Kombüse roch es nach ›Spechts Mannschaftskaffee‹. Zum Frühstück gab es Klöben, ein Feiertagsgebäck, so hart wie Stahl und schwer wie Blei. So beurteilten es jedenfalls die Matrosen. Aus dem Salon kamen Grammophonklänge: ›Der Finnländische Reitermarsch‹ und ›Es läuten die Glocken, der Lenz ist da . . .‹
Ich griff wieder einmal zu meiner Geige, die schon Verfallserscheinungen zeigte, und von der Großluke wehten dünne Fiedelklänge in den heiteren Morgen. Das hatten alle gerne. Es dauerte auch nicht lange, da kamen sie

Gruppenbild mit Kapitäns-Dame: die Besatzung ...

... und das Schulschiff »Greif« vor der Ausreise 1924

Im Schlepp die eisbedeckte Weser hinunter

Unten links: Mit vollen Segeln

▽ Drei Schiffsjungen: Spieß, Klint und H.G.M.

Die Handwerker an der Feldschmiede

Gießt Wasser!

Unten rechts: Sigi hat Bonitos geangelt

▽ Der kleine Adolph

»Greif« beim Weizenladen an der Pier von Port Lincoln

Port Lincoln, Südaustralien, im Jahre 1924

Ein Bild aus besseren Tagen

△ Mann über Bord! – Schwere See auf dem Wege nach Kap Horn ▽

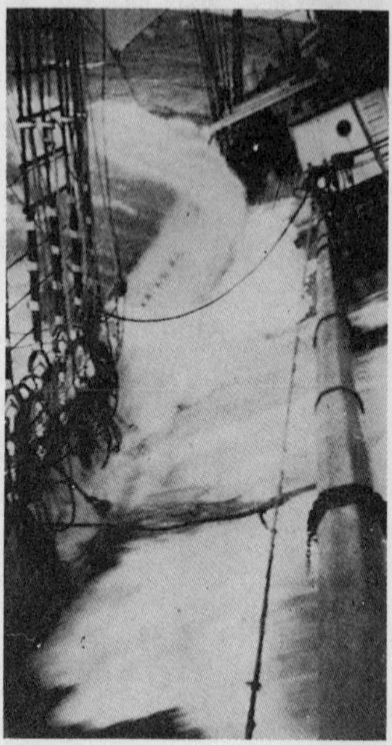

Nur die schweren Marssegel sind noch gesetzt

Der Bootsmann (ertrunken im Stillen Ozean)

Über die ganze Länge des Decks verläuft das lebenswichtige Strecktau – ein letzter Halt!

Matrosen mit Albatros

◁ An der Spitze: der Klüverbaum

Alle Segel los! (Die Gaffel zeigt das Unterscheidungssignal)

Arche Noah: Schweine und Ziegenbock

Jugendliche Weltumsegler (in der Mitte der Verfasser neben dem langen Hein)

▽ Am Anfang war es die alte »Wiscombe Park« von Liverpool 1892

und setzten sich zu mir. Einer flickte sein Zeug, ein anderer stopfte Strümpfe über einer Flasche an Stelle des Stopfpilzes. Jemand nähte sich die für Seeleute typischen Plattingschuhe: Segeltuchslippers mit Sohlen aus geflochtenem Tauwerk. Wieder ein anderer drehte aus spärlichen Tabakresten Zigaretten, wobei er das meiste verschüttete, der Zimmermann schnitzte an einem Schiffchen, und der Segelmacher flocht an einem ledernen Gürtel. Der Teufel sollte den Kerl holen, wir hatten ihn noch immer unter Wind! Jedesmal wenn ich mit dem Spielen aufhören wollte, sagte dieser oder jener: »Nun spiel man noch'n bißchen weiter, spiel man dies oder spiel man das.« Und summt und brummt nach bestem Vermögen die Melodie mit.

Der Rudersmann, es war der stille Franz, wurde abgelöst und kam die Treppe herunter. Erst blieb er stumm, aber als ich die Geige absetzte, um einen Wirbel nachzudrehen, meint er unvermittelt: »Was sie jetzt wohl zu Hause machen?« Ein ganz neuer Unterton lag in seiner Stimme.

Da warfen Zeugflicker und Strümpfestopfer ihre Sachen hin, da ließ der Zimmermann sein Schiffchen sinken, dem Zigarettendreher zerriß das Papier unter den Fingern. Der die Plattingschuhe machte, hielt mitten im Stich inne, und es wurde auf einmal so hellhörig, daß man die flatternde Schot der Royal wahrnahm und das Plantschen vor dem Bug. Ganz gelöst öffneten sie ihr Herz und erzählten von sich zu Hause. Zum erstenmal seit langer Zeit merkte man, daß einige von uns verheiratet waren und ein Teil ihres eigenen Ichs an Land zurückgelassen hatten. Das war neu.

Der sächsische Meister war in Bremerhaven beheimatet

und beschrieb in fast schwärmerischen Worten das Idyll einer kleinbürgerlichen Häuslichkeit mit Buntdruck in der Schlafkammer (»Amorettenreigen«) und Häkeldeckchen aufm Plüsch. »Un was meene Olle ist, die gocht jetzt zum Feierdach den scheensten Gaffee, aber geen Bliemchen.« Mein Freund, der philosophierende Zimmermann, ist ein vorbildlicher Familienvater. Doch so vorbildlich er auch ist, hat er doch schwer zu schaffen, um seine Frau, seinen Schwiegervater und vor allem seine ständig wachsende Kinderschar anständig durchzubringen. Darum geht er ja auch auf lange Reise, so ist wenigstens einer ganz nebenbei mit Essen und Trinken versorgt. »Wenn hier auf See zwar die Überstunden wegfallen, so mußte ich mich an Land, als ich noch auf der Werft arbeitete, gehörig placken.« Viel war ohnehin nicht mehr von ihm da. Er war verarbeitet, seine Frau ging tagsüber Reinemachen und Schneidern, und Opa paßte auf die Kinder auf. Der kleine säbelbeinige Bootsmann war ganz verträumt und ließ sich lange nötigen. Er war jung verheiratet, und zögernd kam es heraus, daß seine Frau ihr erstes Kind erwartete. Ein Junge sollte es sein, natürlich, und er sollte es einmal besser haben als sein Vater, der sich in der Welt herumtrieb.

Das verstanden die Jüngeren nicht und wollten nichts davon wissen. »So übel ist die Seefahrt nicht. Man darf sich nur nicht an die Weiber hängen und sich schon gar nicht verheiraten. Das wäre ja noch schöner, nur immer sein Geld abliefern und nicht mehr davon haben als etwas, woran man denken kann. Nee, so dumm sind wir nicht.« Der zuhörende Koch sah aus, als wollte er dem Sprecher zu Leibe.

Mitten in das Für und Wider fielen die Worte des Segelmachers, dem offenbar die Frau davongelaufen war, was niemand wunderte: »Was dröhnt und klönt ihr bloß zusammen. Seht lieber voraus, bald sind wir in Australien.« Was für andere eine Station am Wege ist, auf der sie Nachrichten von Hause vorzufinden hoffen, ist für ihn unbekanntes Neuland, von dem er sich allerhand verspricht. Die Stimmung des Augenblicks war mit einem Mißklang verflogen.

Auch dieser Tag versank wie alle andern im Meer. Die Achtergäste begingen im Salon das Fest mit einer kleinen Feier, die sich bis nach Mitternacht ausdehnte. Alle waren sie Junggesellen, mit Ausnahme des Kapitäns, nun, und für diesen kam in erster Linie das Schiff und dann die Familie. Keiner beschwerte sich den Kopf mit häuslichen Problemen. Als sie den Steward zur Koje geschickt hatten und sich selbst bedienten, später, als das Förmliche von ihnen abgefallen war und auf ihren Gesichtern eine heitere Zufriedenheit stand, als die wallenden Tabakschwaden über die Szene etwas seltsam Weiches gelegt hatten, wurde geprostet, geprostet und zwischendurch auch mal lallend getoastet.

Das erzählten die von achtern kommenden Läufer, die durch das offene Oberlicht an den Schlingpflanzen und der Messinglampe vorbei gelauscht hatten. Sie schilderten auch sehr anschaulich, daß zwischen der Batterie leerer Flaschen und den Beinen der Feiernden, die sich nicht hätten stören lassen, lange und magere Ratten umhergehuscht seien.

Das Vollschiff segelte sich indessen von alleine.

Prügel und Überdruß – Nach hundert Tagen Land in Sicht – Die Nacht vor der Känguruhinsel – »Gehen Sie nach Port Lincoln!«

»Ich will an Land, ich will an Land — Hilfe, Hilfe!« schrie der Kochsmaat und flüchtete aus der Kombüse, gefolgt vom Koch, der auf ihn eindrosch. »Ich will dir helfen, von w-w-wegen an Land, versalzt mir der Nichtsnutz doch die g-g-g-ganze Suppe, nur immer Flausen im Kopf.«

»Ist gar nicht wahr, er selber hat die Suppe versalzen, so helft mir doch«, heulte der Kochsmaat, ein Bild des Jammers, und versuchte ins Want zu klettern. Doch der bärenstarke Samuel bekam ihn am Bein zu fassen und zerrte ihn, ungeachtet allen Gestrampels, wieder herunter an Deck. Sein Gesicht war verzerrt vor Wut.

»Die ganze Reise ist der Bengel o-o-obstinatsch, komm her, nun wolln wir mal nen Gang machen!«

»Von morgens bis abends nichts als schikanieren, und nun auch noch prügeln. Warte nur, ich werde auspacken — aua — aua —!« Und der Kochsmaat duckte sich vor den Ohrfeigen seines Meisters.

»Auspacken? Was willst du wohl auspacken? Du altbacksche Nudel, du, du Schornsteinfeger, du rothaariger Fuchs, dir werd ich's zeigen«, schnaubte Samuel und drang aufs neue auf seinen Gehilfen ein. Der, in die Enge getrieben, setzte sich nun erbittert zur Wehr.

Wie zwei Irre gingen sie aufeinander los. Sehr zum Gaudium der Wache, die nicht daran dachte, die Kampfhähne zu trennen. Im Gegenteil, sie versäumten nicht, die müder werdenden durch Zurufe anzufeuern. »Gib's ihm tüchtig, Samuel!«

»Laß dir nichts gefallen, Kochsmaat!«

Man hörte den Aufprall der Fäuste auf bloßen, schwitzenden Oberkörpern. Hieb auf Hieb, Stoß auf Stoß. Der Kochsmaat sprang wirren Haares wie ein Wiesel um unsern Samuel herum, der zwar plump auf den Füßen war, hinter dessen muskulösen Armen aber die Schlagkraft stählerner Bolzen saß. »Da — und da — und nochmal!«

»Jetzt löffle die Suppe aus, die du dir eingebrockt hast.«

Das ging so, bis der Kochsmaat erledigt war, mit verquollenem Gesicht sich in Schrei- und Weinkrämpfen auf den Planken wälzte.

»Ich spring über Bord, ich spring über Bord!« kreischte er in den höchsten Tönen. Aber er sprang nicht. Samuel stapfte als Sieger davon. Ungerührt goß einer der Zuschauer dem Kochsmaaten eine Pütze Wasser über den Kopf. Bisher war's ein unterhaltsamer Zwischenfall gewesen. Aber einen Verrückten aus dem Ozean zu holen, nee danke. Der sollte lieber sehen, daß er seine fünf Sinne wieder zusammenkriegte.

»Die Suppe war wirklich schauderhaft versalzen«, sagte unser Hannes zu Sigi, als sie sich nach dem Essen auf Deck trafen, und wischte sich den Mund, »ich möchte bloß wissen, wer von beiden denn nun der eigentliche Übeltäter war.«

Sigi sah ihn nachdenklich an. »Keiner von beiden«, erwiderte er.

Hannes guckte verständnislos. »Na hör mal, wieso das denn?«
»Ich selbst bin's gewesen«, gestand Sigi verschmitzt ein, »mich ärgerte ganz einfach, daß der Koch immer so viel aus der Tür guckt, als hätte er nichts anderes zu tun. Da habe ich einfach hinter seinem Rücken durch das Oberlicht gelangt. Zugegeben, ich wollte an sich nur ein Stück Frischbrot klauen. Doch soweit langte ich nicht und bekam nur den Salznapf zu fassen, den entleerte ich in die Suppe.«
»Mensch«, sagte Hannes bewundernd, »und so was will nun der Sohn von einem Kirchenmaler sein.«

*

So gefährlich die Prügelei ausgesehen hatte, so belebte sie letzten Endes und bildete nur den Auftakt zu einer Reihe kleinerer Abreibungen, in die sich die Achtergäste wohlweislich nicht einmischten. Sie ließen der Mannschaft buchstäblich freie Hand. Die tiefere Ursache war indessen nichts anderes als Langeweile und Überdruß. Der Kochsmaat hatte es ausgesprochen: Ich will an Land. Dreimal dreißig Tage schwammen wir nun schon auf den Weltenmeeren. Es kam uns vor, als hätten wir nie etwas anderes getan und würden für den Rest des Lebens auch nichts anderes mehr tun, als über eine Wasserwüste segeln. Die Zeit lastete eben auf uns; drei volle Monate nichts als Wind, Wolken und Wellen. Jeder kannte jeden, jeder wiederholte sich. Den »Liebesbrief von der dicken Aujuste« und den »Onkel Fritz« mochte schon keiner mehr hören, die Abenteuer der Bark ›Toni‹ kannten wir auswendig, und der Robert Blum war mir persönlich völlig einerlei. Die Wagnerfiguren des Makropoden-Häuptlings wurden unausstehlich, und das hämische Gesicht des Segelmachers war kaum noch zu ertragen. Und so weiter. Man erkannte einander am Schritt und drückte sich in stockdunklen Nächten am Schatten des anderen vorbei. Man suchte einander aus dem Wege zu gehen, doch das enge Leben an Bord ließ es einfach nicht zu.

Nur im Schlaf war man mit sich allein und der Gegenwart entrückt. Über das Bullauge meiner Koje, das aufs Deck blickte, pflegte ich die eiserne Blende zu klappen, damit man nichts mehr sah und schneller einschlief.

Man stumpfte merklich ab. Die Spielkarten waren abgegriffen, die Schachfiguren teilweise verbummelt, das einzige Rätselheft gab keine Rätsel mehr auf. Vom ständigen Radieren waren seine Seiten stellenweise schon zerrieben. Was uns noch ablenkte, das waren die Bände der Bordbücherei, die uns die Reederei mit auf den Weg gegeben hatte und die der Arzt verwaltete. Bei ihm konnte man sich entscheiden, ob man mit Frithjof Nansen ›In Nacht und Eis‹ oder mit Hans Schomburgk ins dunkle Afrika ziehen wollte. Das eigene große Abenteuer war uns plötzlich nicht mehr abenteuerlich genug. Wahrscheinlich ging es uns nur zu gut; denn auf der Heimreise bekamen wir es dafür doppelt und dreifach.

Man wurde maulfaul. Dann wiederum stritt man sich erbittert um Belanglosigkeiten. Alle Geschichten an Bord hatte man schon einmal vernommen. Schließlich sagte man am liebsten überhaupt nichts mehr. Daran änderte auch das gelegentlich eingestreute ›Sängerfest‹ wenig, bei dem man Franz mit Beifall überschüttete und ihn glauben machte, er hätte die schönste Stimme an Bord.

So gab denn der wunderliche Matrose, der sich mittlerweile einen Tituskopf zugelegt hatte, mit der Klangfülle eines alten Blecheimers bereitwillig ein Liedchen nach dem andern zum besten, wobei er sich auf einer selbstgebauten Mandoline begleitete. Bis er endlich an unsern amüsierten Gesichtern erkannte, auf wessen Kosten der ganze Spaß ging.
So kamen wir dem Reiseziel entgegen. Es wurde auch Zeit. Schon gab es einige unter uns, die mit abwesenden Gesichtern umhergingen und aus Weit-weg-Augen den leeren Horizont musterten. An einem Januartage hatten wir Deutschland verlassen, jetzt schrieben wir schon den 1. Mai.
Der kranke Adolph in seinem Hospitalkäfig war nicht mehr als Haut und Knochen. Ein Wunder, daß er überhaupt noch lebte. Aber der Arzt hatte die Hoffnung nicht aufgegeben, ihn lebend an Land zu bekommen. Nur mußten wir uns beeilen . . .

*

Das Leben auf dem Ozean verändert sich mit der geographischen Breite und den Wendekreisen, mit der geographischen Länge verändert sich nur die Ortszeit. Darum, als wir den Längengrad von Kap Leeuwin der Südwestküste Australiens überschritten, war es eine Bemerkung, die nur beiläufig ins Ohr drang. Und doch: irgendwo im Norden lag nun schon der fünfte Erdteil, und wir segelten unter seiner Küste dem Spencer-Golf zu. ›Greif‹ war ein Schulschiff, wenn auch nicht im üblichen Sinne. Das bewog den Ersten, uns die Situation zu erklären, und er sagte ungefähr folgendes:
»Bald werden wir es geschafft und Australien erreicht

haben. Der jüngste Erdteil war früher hauptsächlich durch seine Sträflingskolonien und durch seinen Wollhandel bekannt. Durch das Erscheinen von Baumwolle und Kunstseide ging der Wollhandel stark zurück. Zwar schimpfen die alten Leute auf diesen modischen Kram, aber sie vergessen dabei, daß ein kunstseidener Strumpf viel weniger kostet als eine Socke aus reiner Schafwolle. An die Stelle der Wolle ist inzwischen der australische Weizen getreten. Der fünfte Kontinent hat sich zu einer wahren Kornkammer entwickelt. Er will ausführen und verkaufen. Die Türen, durch die er seinen Weizen ausführt, sind eine Reihe von kleinen Häfen am Spencer-Golf im Bundesland Südaustralien. Die Namen dieser Häfen werden in der Seefahrt immer wieder genannt und fangen fast ausnahmslos mit ›Port‹ an, also auf Deutsch mit ›Hafen‹. Sie haben es auch nötig, das Port ausdrücklich zu betonen; denn im allgemeinen sind da nicht mehr als ein, zwei Verladebrücken. Dahinter liegen die Ortschaften: Port Augusta, Port Victoria, Port Pirie, Port Lincoln, Port Germein, Port Borough, Wallaroo — fertig! Mehr ist da nicht.
Den Schlüssel zum Spencer-Golf bildet die Känguruhinsel mit der Signalstation Kap Borda. Die Känguruhinsel kennt jeder Seemann. Hier erfahren alle Segelschiffe ihren Ladehafen, gewissermaßen im letzten Augenblick. Das hängt mit den kaufmännischen Überlegungen zusammen, die sich dann endgültig entscheiden, wenn das Schiff nach langer Überfahrt vor der australischen Küste eingetroffen ist.«
So lief denn das Vollschiff ›Greif‹ mit allen Segeln im Topp die letzte Strecke hinunter. Stetig zog es dahin, während Walfische schnaufend auftauchten, während

vertriebene Vögel des Landes auf seinen Rahen ausruhten und wir den Schiffskörper für den Hafen herrichteten. Da wurde Farbe gewaschen, lackiert und Messing geputzt. Da wurden jene tausend kleinen Dinge verrichtet, die einzeln für sich wohl wenig auffallen, zusammengenommen aber den Gesamteindruck eines Schiffes bestimmen.

Während wir schwungvoll die gußeisernen Pumpräder beim Großmast drehten und uns der Schweiß in Strömen von der Stirne rann, entquoll dem Schiffsinnern ein breiter, rostiger Wasserstrahl. Alles kam hervor, was sich im Laufe der Zeit zwischen den Bohlen des Laderaums und der Außenhaut abgeschlagen hatte.

*

Und dann eines Nachmittags im Monat Mai, als wir bereits über hundert Tage auf See zugebracht hatten, stieg der Erste Steuermann mit einem Kieker bewaffnet selber in den Vortopp. War es nur eine Wolkenbank, war es etwa eine Luftspiegelung, durften wir unsern Augen trauen? Bald wurde es zur Gewißheit. Was da als ein dunkler Streifen über die Kimm kroch, zusehends breiter und höher wurde, das war in der Tat australisches Land: die langersehnte Känguruhinsel. Langsam, viel zu langsam kam sie auf uns zu. Wache und Freiwache verließen die Unterkünfte. Alle Blicke liefen voraus, jeder wollte mit als einer der ersten das neue Land gesichtet haben. Die Toppgäste hatten auf einmal alle oben zu tun, der Rudersmann hielt vierkant darauf zu. Da —! Dort —! Wo denn —? Na dort! Seht nur, seht: die Känguruhinsel!

»Sage mal, Hein, fühlst du dich jetzt nicht wie der fliegende Holländer höchstpersönlich?«
»Na, Sprengel, dieser Anblick ist doch ebenso schön wie der des ›Greif‹ zum erstenmal.« Der Lütte nickte wortlos. Klint besah sich eingehend sein hübsches Gesicht im Spiegel. Der lange Spieß gröhlte laut und übermütig vom »Onkel Fritz, dem sie die Uhr geklaut haben«, und niemand nahm es ihm übel. Auch die Bedächtigen riß es hin, den Heino und selbst den dickfelligen Korl. Alle machten sie kugelrunde Augen, der Holzkopf, Makker, Seppel, Eitel, Helmuth und meine Wenigkeit, alle wie sie da waren. Alle Schiffsjungen erblickten zum erstenmal in ihrem jungen Leben eine überseeische Küste. Bald würden sie den Fuß auf fremden Boden setzen.
Nicht minder brannte das Fieber der Erwartung in den Älteren, wenn sie es auch hinter Witz und gespielter Gelassenheit zu verbergen versuchten. »Land, Land, schrien die Matrosen und hüpften jauchzend von Mast zu Mast!« Während die Schiffsleitung, ganz mit der Navigation beschäftigt, die Umrisse der Insel anpeilte. Leise wiegte sich das Schiff auf dem ruhigen Meer. Und immer noch sind wir allein.
Kangaroo-Island wird zur Geduldsprobe. Als die Dämmerung fällt, ist die Insel noch weit entfernt. Das Schiff scheint zu kriechen. Dann nimmt es der Nachtwind mit. Zwei Leuchtfeuer flammen auf, die ersten Seezeichen des fünften Erdteils, und schwingen über das dunkle Wasser. Der Kurs führt zwischen beiden hindurch . . .
Wir von der Backbordwache essen zerstreut Abendbrot und törnen ein. Legen wir uns erstmal hin, heute wird man ja doch nichts weiter erfahren.

Da —, was ist das? Haben wir uns nicht eben erst die Decke über die Ohren gezogen? Draußen schrillt die Trillerpfeife des Wachhabenden durch die Nacht. Schritte laufen über Deck. Geschrei und Unruhe erheben sich, und mit ihnen kommt das beklemmende Gefühl unmittelbarer Gefahr. Die Tür wird aufgerissen. Eine Stimme, vor Aufregung halb erstickt, brüllt: »Alle Mann an Deck, los, los — klar zum Wenden!«
Schlaftrunken stürzen wir in die erstbesten Kleidungsstücke und spüren dabei unter den Füßen das weite Überholen des Schiffes, wie es sich plötzlich in den Rollern eines rasch flacher werdenden Ozeans wälzt. Guter Gott, das sind doch nicht etwa —? Doch, das sind schon die flachen Grundseen. Was ist bloß geschehen? Egal, was es auch ist, nichts wie raus ...
Draußen ist es gespenstisch. Die Leuchtfeuer sind wie fortgeblasen. Durch Wolkenlücken scheint der Mond. Auf dem blinkenden Wasser liegen schwere Schlagschatten, die sich die gesamte linke Seite entlang und noch weit zur rechten Hand um das Schiff ziehen. Als sich die Augen sekundenschnell an die Dunkelheit gewöhnen, trifft es uns wie ein Donnerschlag. Die Schlagschatten nehmen feste Gestalt an, wir erkennen in ihnen Land, die hohe Steilkante der Känguruhinsel. Mit beiden Armen hat sie uns umfaßt, wir segeln in einer weiten Bucht. Es donnert wirklich: es ist der Donner des Ozeans, der sich an dieser Steilkante bricht. Wir laufen mit beinahe allen Segeln vierkant darauf zu. »Brandung voraus!« schreit der Ausguck, »Braaandung!« und flieht entsetzt von seinem Posten. Die Reise des Vollschiffes ›Greif‹ ist zu Ende.
Schon hat die Schwelle das Schiff erfaßt. Seine himmel-

hohen Masten torkeln wie betrunken. An Deck sind die großen Salzfleischbaljen übergeschwappt. In der fettigen Brühe gleiten wir aus und verlieren den Halt. Manch einer trägt nur Hemd und Hose, fast alle sind barfuß. Das wird vielleicht unser Glück sein, wenn das Schiff auseinanderbricht und wir ums Leben schwimmen müssen. Geschrei, Aussingen, Geschimpfe. Wie ein Berserker treibt uns der Zweite an. Wir sind noch gar nicht ganz beieinander und stürzen blindlings an irgendwelche Posten.

Werft doch endlich das Schiff herum! »Fier weg die Royals — fier weg die Bram — hol durch Geitaue und Gordings!« Das ist die Stimme des Ersten.

»Los die Backbordbrassen! Hol durch an Steuerbord! Hol durch die Großschot! Rüber mit dem Klüver zur anderen Seite!«

Taue rauschen durch Blöcke. Segel flattern knallend, hier und da bricht etwas. In den Wanten pfeift dünn und hoch der zunehmende Wind. Zwischendurch hört man immer wieder die zielsichere, beherrschte Stimme des Ersten, dem die verzweifelte Situation nicht anzumerken ist.

Auf dem Dach unseres Hauses klammert sich der Kapitän an den Peilkompaß. Sein Gesicht ist ganz naß, die Augen haften an der Magnetnadel. Er hat ein Gewaltmanöver riskiert, wird es gelingen? Was sagt der Steuerstrich, wird das Schiff drehen. Er gibt ein lautstarkes Zeichen. Das Ruder wirbelt herum. Mit drei Mann drükken sie es herunter. Der dritte Mann ist der Doktor . . .

Das Schiff bleibt stehen, der Wind kommt von vorne. Alle Segel schlagen heftig, peitschen gegen die Masten und deren Versteifungen. Die schwere Fock knallt mit ihrer Schot wie eine Kanone. Wir reißen an allen Tauen zugleich, Befehle jagen uns hin und her. Das Schiff stampft wie unschlüssig auf der Stelle. Dann fällt der große, schwere Windjammer ab und wendet sich zur anderen Seite. Zwar stockend und schier widerwillig, aber er dreht. Mit einem Schlage fliegen sämtliche Segel der beiden hinteren Masten von selbst herum. Der Wind kommt von der anderen Seite.

Zur rechten Hand liegt offenes Wasser. Die Bucht gibt uns frei. Noch eine herzbeklemmend nahe Ecke, die wir zu streifen scheinen. Einige Minuten Angst. Dann zieht eine unsichtbare Hand die wippende Wand davon. Sie fällt zurück und wird kleiner. Der Donner der Brandung wird leiser und leiser. Nur der Wind bleibt. Das Schiff strebt in die offene, immer noch silbern schimmernde See hinaus.

Wir wischen uns den Schweiß von der Stirne. Plötzlich zittern und frieren wir im dünnen Unterzeug. Müde klarieren wir das Durcheinander an Deck. Was war eigentlich geschehen? Nach über hundert Tagen auf See waren wir in eine falsche Bucht geraten. Das war alles — ein ganz alltäglicher Vorgang ...

Hinter uns sind auf einmal die Leuchtfeuer wieder da. Den Rest der Nacht segeln wir wieder dem Ozean entgegen.

Im Osten überzog es sich orangefarben, da ging es zurück zur Känguruhinsel. Die aufgehende Sonne fand uns westlich der hohen Steilküste, ein von der Brandung zernagtes rotbraunes Gestein. Das von mattgrünem Buschwerk bedeckte Hochland lag einsam und verlassen. Wahrscheinlich hätte niemand von uns dort hinaufkommen können. Nur nicht daran denken ...

›Greif‹ wiegte sich in einer leichten Dünung, alle Segel im Topp. Es sah aus, als stünde das Schiff still auf einem Fleck und die Insel würde wie ein großes Karussell langsam an ihm vorbeigedreht. Ich mußte ans Ruder. Der Kapitän rannte achtern ungeduldig auf und ab und murrte unterdrückt über den inzwischen wieder abgeflauten Wind. Ein über das andere Mal blickte er auf die Küste und vorwurfsvoll auf mich, als wolle er mich verantwortlich machen.

Zwölf Uhr mittags wurde Kap Borda gesichtet.

Aus dem Grün des Oberlandes schälten sich die weißen Gebäude der Signalstation, nadelgleich stieß ein Leuchtturm in den Himmel. Die Spannung an Bord erreichte ihren Höhepunkt, als an unserer Flaggleine bunte Päckchen hochgingen und sich zur Nationale und zum Unterscheidungssignal entfalteten: JBDV. Fast gleichzeitig wurde auf der Station der Antwortwimpel gesetzt. Die Achtergäste wälzten das dicke Internationale Signalbuch.

»Haben Sie Order für mich?« fragten wir.

»Nein«, wehte es in lakonischer Kürze zurück.

Unsere Enttäuschung wuchs ins Uferlose. Was nun? Nach einigem Hin und Her verabschiedete sich der Kapitän mit den Worten: »Melden Sie bitte meinem Makler, daß ich Order in Port Adelaide erwarte.« Er wollte schnellstens einen Hafen anlaufen, um den Kranken von Bord zu geben. Nun würde der Telegraph spielen.

Wir kamen aber nicht weit, da schralte der Wind und trieb uns nach Kap Borda zurück. Inzwischen wurde es zum zweiten Male Nacht. Auf der Signalstation schlummerten sie offenbar, unsere Morsesignale mit der Handlampe blieben unbeantwortet. Nur das zornig funkelnde

Auge des Leuchtturms öffnete und schloß sich rhythmisch.
Alle vier Stunden drehte das Schiff, alle vier Stunden schwangen die Rahen zur anderen Seite. Alle vier Stunden rannten wir die Brassen durch die Blöcke, daß es rauchte, zitterte das Schiff bis hinunter zum Kiel. War alles vorüber und das Schiff lag auf einem anderen Bug, suchten wir uns einen geschützten Platz an Deck und schliefen. Es war warm.
Der neue Morgen fand uns wieder vor der Station. Erneutes Signalisieren, abermals keine Antwort.
Der Kapitän wollte gerade erneut ablaufen lassen, als der Doktor sich meldete, der die ganze Zeit den Kieker nicht von den Augen genommen hatte. »Da schauns halt, da flattert noch was Buntes.«
Nochmals wendeten sich sämtliche Blicke der Insel zu, wo jetzt drei Flaggen auszumachen waren. Die Blätter des Signalbuches raschelten. »Sophie — Toni — Ulli, S — T — U«, sprach jemand halblaut.
Eilig wanderten Finger die gedruckte Spalten hinunter.
»Ich habe Order für Sie . . .«
»Richard — Ida — Hans, R — I — H . . .«
»Gehen Sie nach —«, ja, zum Kuckuck, schnell, wohin denn?
»A — R — S — F«, wohin? was heißt denn das?
Hallo, stopp mal, hier stand es. Klar und deutlich.
»Lincoln, Port«
»Gehen Sie nach Port Lincoln!«
Hurra!
Morgen würden wir im Hafen liegen.
Wir schäkelten die Ankerketten wieder ein, die während der ganzen langen Reise in ihrem dunklen Kasten ein

überflüssiges Dasein geführt hatten, und machten die Haken klar zum Fallen. Auf der Mittelwache sahen wir die Lichtkegel des nahen Festlandes über der See kreisen. Es war schon der Spencer-Golf. Wir schliefen den unruhigen Schlaf von Kindern in der Nacht vor Weihnachten.

Leicht verwundert erwachten wir am frühen Morgen, ohne daß uns einer geweckt hatte. Wir hatten monatelang so stark im Pulsschlag des Meeres gelebt, daß wir aus dem Schlaf fuhren, als er zu schlagen aufhörte.

Das Schiff lag ruhig wie auf einem Teller, wie man so sagt. Keine Welle rauschte mehr, das Plätschern an der Bordwand war verstummt, es war unnatürlich still. Durch die offene Tür kam die Stimme des Kapitäns, der auf den Rudergänger einsprach. Da schlüpften wir eilig in die speckigen Hosen und stolperten ins Freie.

Der strahlende Morgen war erfüllt vom Gekakel der Möven, die in Scharen zwischen den drei Masten schwebten. Gerade enterte die Wache nieder, sie hatte die Royals und die Bram festgemacht. Nur vor den breiten, großen Untersegeln schob sich das Vollschiff ›Greif‹ durch eine schmale Passage zwischen Eilanden und glitt langsam, fast zaghaft in eine flache Bucht. Im Topp wehten die deutschen Farben, das Stettiner Wappen und die Kompagnieflagge der Reederei. Hein konnte nicht an sich halten und verkündete pathetisch: »Zum erstenmal zeigt sich der Greifenkopf in australischen Gewässern!« Wir waren so froh, daß wir am liebsten wie ein Kriegsschiff Salut geschossen hätten.

Hinter Dünen, hohen Eukalyptusbäumen und einer geschäftigen Uferpromenade lagen Bungalows und niedrige Ladenhäuser. Vorne stießen fühlerartig zwei Anlegebrücken vor. In der Ferne verlief eine Hügelkette. Das war Port Lincoln! Das Ganze entsprach so gar nicht dem Australien unserer Erwartungen, und das kleine Port Lincoln hätte ebensogut ein Badeort an der Ostsee oder an der flachen Adriaküste sein können. So europäisch sauber und aufgeräumt bot es sich an.

»Aus der Ferne sieht jedes Kaff wunderbar aus«, ließ sich der Koch vernehmen, »vor allem wenn man wie wir hundertundfünf Seetage hinter sich hat; kommt erst mal näher ran.«

»Freiwache an Deck -- runter mit den Marssegeln!«

Ein letztes Mal geiten wir die großen Lappen auf und hingen wie Klumpen an den Tauen. Stählerne Rahen senkten sich quietschend, Blöcke knarrten, Tampen reckten sich und Segel schlugen zurück. Sachte verlor sich die Fahrt aus dem Schiff.

»Schmeiß weg den Backbordanker!« schrie der Kapitän mit krebsrotem Kopf.

»Weg den Backbordanker!« brüllte der Zimmermann und drehte die Bremse vom Spill los.

»Weg mit dem Backbordanker!« wiederholte der Erste auf der Back und schlippte den Haken.

Mit einem Plumps fiel das gewichtige Stück Eisen auf den Grund. Blasen stiegen hoch. Ratternd und polternd liefen die dicken Kettenglieder aus der Klüse, Funken sprühend, während getrockneter Schlick und Wolken von Rost und Staub aufwirbelten. Die Kette straffte sich, das Schiff schwang im Bogen und blieb mit vierkant gebraßten Rahen still liegen. Schlagartig löste sich die Schwere von einhundertundfünf Seetagen. Der Kapitän ging schnell unter Deck und kippte einen auf die Lampe. Der Hafenarzt kam und blickte zufrieden lächelnd in unsere Gesichter voll Schweiß, Schmutz und Bräune. »Alles gesund?« Minuten später schon brachte sein Boot den kranken Adolph an Land. Er hatte den Wettlauf um sein Leben gewonnen. Als man ihn operierte, war der Blinddarm völlig zusammengeschrumpft.

Wir trennten sämtliche Segel ab und verstauten sie in der Segelkoje. Noch einmal schauten wir aus der Takelage in die Ferne. Dort lagen blaue Berge. Was mochte dahinter sein? Immer würden für uns in der Ferne irgendwelche blauen Berge liegen ...

Schließlich rief der Erste »That'll do — genug für heute!« und nahm mit einladender Geste das Schloß von der Frischwasserpumpe. Wir wuschen uns gründlich und spürten mit großem Behagen auf der Haut die saubere Wäsche, die wir uns für diese Gelegenheit vorbehalten hatten. Nie hatten uns frische Kartoffeln, rote Beete und frisches, saftiges Hammelfleisch so gut geschmeckt. Wir aßen wie die Scheunendrescher und wurden immer zufriedener.

Die Sonne ging unter. Drüben auf der festen Erde, deren Geruch herüberwehte, flammten Lichter auf. Wir saßen auf der Reling, rauchten, träumten und waren herrlich müde. Von den Stagen schienen die Ankerlampen. Dann und wann ruckte das Schiff schwach an der Kette, buste die längsseits liegende Gig an die Bordwand. Fische sprangen. Am nördlichen Himmel schaute der Mann im Mond den langen Weg zurück, den wir gekommen waren und der uns in dreieinhalb Monaten zu den Antipoden geführt hatte. Mit einem beinahe feierlichen Gefühl schenkten wir den Masten und Rahen einen gelegentlichen Blick. Vor uns lagen viele ›Bauernnächte‹, in denen wir nicht mehr auf Wache ziehen muß-

ten, sondern ungestört durchschlafen konnten. Restlos glücklich waren wir.
Morgen würden wir einen kleinen Warpanker und lange Leinen zum Ufer hin ausfahren, im Kreis um das Gangspill laufen und das große Segelschiff sachte an eine der Ladebrücken ziehen.
Der Kalender zeigte den 8. Mai.

Die Verfressenen – Souvenirs, Souvenirs – Weizen über Schiff und Schiene – Der Deserteur

»What would you like to have, boys?«
Das ältere Fräulein im Tea-Room musterte dicken Korl und mich wohlwollend. Immerhin waren wir frisch gewaschen, unsere Haare waren gestutzt und fielen nicht mehr über den Kragen. Unsere Anzüge konnte man allerdings nicht als tailormade bezeichnen, und besonders die Hosen ließen es an Weite nicht fehlen. Im Rahmen der niedlichen Frühstücksstube mit ihren imitierten Chippendalemöbeln boten wir einen sonderbaren Anblick. Im übrigen waren wir die einzigen Gäste.
»Was möchtet ihr gerne haben, Jungens?«
»Ham and eggs — Eier mit Schinken«, kam es von uns beiden wie aus der Pistole geschossen, mit einem verspäteten »please«, eingedenk der Mahnung des Ersten, uns an Land anständig zu benehmen. Natürlich sollten es Eier mit Schinken sein, wie wir es uns oft genug auf See ausgemalt hatten.
Hübsch war es hier: das saubere Tischtuch, die Blumen, das heile Geschirr, die Bilder an den Wänden, der Blick durch die Gardinen auf eine Straße, die wie Wildwest aussah. Das Hübscheste war die Speisekarte mit einer Anzahl von Schnellgerichten, die jeweils den Pauschalpreis von einem Shilling kosteten, alles einbegriffen.

»Man denke —« schwärmte dicken Korl, und das Wasser floß ihm aus den Mundwinkeln. Das Gewünschte kam, lieblich duftend. Allein gelassen, fielen wir wie die Wölfe darüber her. Die Eier verschwanden, der saftige Speck; begleitet von großen Stücken Weißbrot und nachgespült mit einem Tee, wie ihn Old England zu machen versteht. Der Nachtisch folgte. Wir kauten mit vollen Backen. Das schmeckte. »Mensch, für einen Shilling.«

Der eine Teller mit lockerem Weißbrot war bereits leer, der vom Nebentisch mußte auch dran glauben. Wir schlangen alles in uns hinein, wie es da stand: Butter, Tomaten, kaltes Fleisch, und gossen Worcestersauce oben drauf. So langsam wurde uns warm. Alles für einen Shilling.

»Korl«, sagte ich und lockerte meinen Gürtel.

»Was ist los?« grunzte er unwirsch zwischen großen Bissen.

»Korl, so langsam müssen wir aufhören, was sollen die sonst von uns denken.«

»Was die von mir denken, ist mir egal«, erwiderte er mühsam und strich sich wieder fingerdick australische Butter auf ein neues Stück Brot. So machten wir denn weiter, alles für einen Shilling.

»Korl, iß bloß nicht so viel«, fing ich nach einer Weile schuldbewußt wieder an, »wir sollen uns anständig benehmen, hat der Erste gesagt.«

»Na, du bist gut«, entgegnete er gelassen, »haust selber rein wie ein Scheunendrescher. Da, guck her, das nenne ich ein anständiges Benehmen, damit die Dame nicht sagen kann, es hätte uns nicht geschmeckt.« Und steckte sich drei Scheiben Chesterkäse auf einmal in den Mund. Ich tat es ihm nach, bis mir der Schweiß ausbrach.

Schließlich hielten wir schweratmend inne. »Bist du satt, Fietje?«
»Bis hier«, beteuerte ich aus vollem Magen, »und du?«
»Mal sehen«, sagte Korl und stierte in die Runde. In unmittelbarer Nähe war alles ratzekahl, und irgendwie erinnerte der Tisch an unsere Eßback an Bord des ›Greif‹. Korls Augen leuchteten. »Mann, da steht ja noch was!« Seine Hand griff zu einer Silberdose.
»Mensch, Korl, du wirst doch nicht etwa«, rief ich entsetzt.
»Doch, ich werde«, meinte er ungerührt und schüttete sich den Inhalt der Dose in die Tasche, »mehr als drei Monate habe ich keinen Würfelzucker mehr gesehen.«
Er fing an, mich zu überzeugen. In einer Ecke stand noch ein Teller mit Äpfeln. Ich nahm mir drei Stück. Mit mißbilligendem Blick auf mich ließ dicken Korl auch noch den letzten mitgehen.
»Alles für nen Shilling.«
Draußen zahlten wir. »Did you enjoy your supper?« lächelte das ältere Fräulein. »Hat es euch geschmeckt?«
»Und wie«, erwiderte ich höflich, »Madame, es schmeckte hervorragend.« Dann machte ich, daß ich raus kam.
»Was rennst du denn nur so und siehst dich immer um?« wunderte sich Korl mit gespieltem Erstaunen, »auf dieser ausgiebigen Mahlzeit könnte eigentlich noch ein schönes Bier stehen. Verdient haben wir's. Es ist schon eine ganze Weile her, daß ich zur Sonntagsschule ging.«
Aber sie schenkten nach englischem Brauch nur zu bestimmten Stunden aus, und alles, was wir schließlich auftrieben, war Limonade. Als wir Bordkameraden trafen, erzählten wir ihnen, wie gut wir es getroffen hatten — alles für einen Shilling.

»Oh, da gehen wir auch hin«, riefen sie hocherfreut und stürmten spornstreichs davon. Sie konnten es sich überhaupt nicht erklären, weshalb das Fräulein sie erst gar nicht hineinlassen wollte.
Am nächsten Tag hatte der Tea-Room einen neuen Aushang: Mahlzeiten für einen Shilling, für Seeleute Extrapreise!
Es war schon dunkel, als wir an Bord gingen. Dicken Korl stieß mich an. »Schau mal, was ist denn da los?«
Die Pier war schwarz von Menschen, Lichter strahlten. Gegenüber vom ›Greif‹, an der anderen Seite der Anlegebrücke, hatte ein Küstendampfer festgemacht, die ›Wandana‹. Während ratternde Winden Ladung austauschten, waren die Fahrgäste herübergekommen und musterten verwundert die hohe Takelage des ihnen seltsam erscheinenden Vollschiffes. Sieh da, ein echter Windjammer. Eins der letzten Segelschiffe!
Bald überschwemmten Farmer, Kaufleute mit ihren Damen, australische Dampfermatrosen, Männer im Dienste Seiner Majestät oder auch nur Bummler unser braves Deck. Erst einmal an Bord, steckten sie ihre neugierigen Nasen in die einladend geöffneten Logistüren. O Mary, look at that. Seht euch doch nur mal an, wie diese Seeleute hausen. Ums Kap der Guten Hoffnung sind sie gekommen, mit diesen trüben Petroleumlampen. In Verschlägen schlafen sie, die wie Särge aussehen, und ihre Blechtassen sind unter der Decke aufgehängt . . .
So standen die Dinge, als wir zurückkehrten. Einem Manne, der uns die Türe versperrte, tippten wir auf die Schulter. Moment, bitte! Er fuhr herum und sah uns an.
»Souvenirs?« fragte er nur.
»Souvenirs —, was heißt denn das?«

»Na, ob ihr ihm keine Andenken an dieses merkwürdige Schiff verkaufen wollte«, belehrten uns die Kameraden.

Ich schüttelte den Kopf. »Habe leider keine.«

»Doch«, lächelte der Mann und drehte beharrlich an den Ankerknöpfen meines alten Marinejackets herum, das mir Verwandte geschenkt hatten. Ich hielt dem Manne die Hand fest. »Laß das!«

Der ließ sich nicht stören. »Aber ich bezahle sehr gut. Einen fairen Preis in englischem Geld, viel Geld.«

»Ich habe auch viel Geld«, zog ich ihn auf und kramte alte deutsche Geldscheine aus meinem Spind, »seht her, einhunderttausend Mark.«

»Ausgezeichnet!« schrie ein anderer Australier und drängte sich vor, »hunderttausend Mark sind ein gutes Souvenir. Habt ihr noch mehr davon? Wieviel sollen sie kosten, wieviel — how much?«

Da begriffen wir endlich unsere Chance und verkauften ihnen alles, was nicht niet- und nagelfest war. Immer wieder fragten die Australier »How much?«, wir nannten ohne langes Besinnen eine Zahl, und die Dinge wechselten ihren Besitzer: meine blanken Ankerknöpfe (ich würde sie durch schwarze ersetzen), das Inflationsgeld, das ich aus unerfindlichen Gründen mit mir herumgeschleppt hatte, die Haifischflossen.

»Haben Sie Interesse an Albatrossen?«

»Albatrosse? Herrlich, wo sind sie, how much?«

Fort gingen die gefiederten Bälge, die Schwingen, die polierten Schnäbel und die Knochenflöten. Fliegende Fische? Die Leute wußten sich vor Begeisterung nicht zu lassen und — how much? — fort flogen auch sie. Was tat's, auf der Heimreise würden wir uns was Neues fangen.

»Sag mal, Fietje«, fragte mit Hans-Günther später vertraulich, »was hast du denn nun heute abend unter Brüdern verdient?«

»Na, so ungefähr zwei Pfund und etwas, und du?«

»Ungefähr das gleiche, alles in allem ist das nicht schlecht.« Zwei englische Pfund, das waren vierzig Mark an einem einzigen Abend, oder so viel, wie wir normalerweise in vier Monaten zu Gesicht bekamen. Eben erst hatte man uns mitgeteilt, daß die Tarifheuer in der Zwischenzeit angehoben worden war. Ein Schiffsjunge erhielt jetzt nicht mehr fünf Mark fünfzig, sondern ganze elf Mark bares Geld monatlich ausgezahlt ...

*

Jedesmal, wenn der Küstendampfer anlegte, war es ein Ereignis. Nicht nur für uns, auch für Port Lincoln. Das traf sich montags und donnerstags zum Kino in der ›Parish Hall‹. Das fuhr Saturday night von der Farm zur Stadt, parkte seine schweren Autos vor der Bank, während an der post office daneben der Postreiter sein Pferd anband. Das sah sich auf dem von hohen Eukalyptusbäumen umgebenen Sportplatz ein Fußballspiel an, trank Whisky und hörte in mehreren Kirchlein das Wort Gottes. Das kaufte im drugstore von James Le Cole (wo wir Limonade und Eis verzehrten) seinen Rollfilm, las den ›Adelaide Observer‹ und die Kolonialausgabe der ›Times‹. Wer sich amüsieren wollte, fuhr auf der Autostraße um den Spencer-Golf nach Adelaide. Vorausgesetzt, er bevorzugte nicht den Küstendampfer, die zuverlässigste Verbindung mit der Außenwelt. Sie brachten alles, diese Dampfer: Post, Passagiere, Ladung und natürlich auch unsere Briefe. Sie brachten für ›Greif‹ sogar fünfundvierzig Tonnen Frischwasser; denn das Wasser von Port Lincoln war so knapp und alkalisch dazu, daß man hier den Regen der Wintermonate in großen Tanks speicherte. Das Übrige holten die Windräder aus dem trockenen Boden, den die sprichwörtlichen wilden Kaninchen zerpflügten.

Australische Hafenarbeiter kamen, gutgenährte und gutbezahlte Gestalten und nicht alles nur Australier. Viele unter ihnen waren skandinavische Seeleute, die hier hängengeblieben waren und sich auf Segelschiffen gut auskannten.

Als erstes löschten sie den Ballast. Nicht etwa den ganzen Kies auf einmal, bewahre. Bei Segelschiffen geht das nicht, ihre Takelage ist so schwer, sie kriegen sonst Übergewicht und fallen um. Die entstehenden Hohlräume wurden mit Weizen in Säcken ausgefüllt, bis alles schön ausgeglichen war. Vorher hatte man die Räume sorgfältig ausgefegt und mit einem groben Nesselgewebe ausgelegt: dem Rabbeltuch. Und nicht zu vergessen das Ausschwefeln, das wie des Teufels Küche stank und die Ratten vertrieb. Alles wegen dem Weizen!

In Güterwagen rollte er an, kleine Fahrzeuge legten sich längseit, und von beiden Seiten ergoß sich ein Strom von Zweizentnersäcken in die Luken. Vom Morgen bis in den Nachmittag floß der Strom über ein laufendes Band und in das tiefer und tiefer sinkende Schiff. »Wir haben es gut«, verriet uns Hannes, »in Australien geht uns die Ladung nichts an, das hat die Gewerkschaft den Hafenarbeitern vorbehalten, die werden dafür entlohnt.« Die Arbeiter schwitzten zwar unter der Last und fluchten. Aber schwitzen oder fluchen, es

war ihr Geschäft und sachverständig packten sie eine Lage auf die andere. Bis mit dem Glockenschlag fünf alles aufhörte. Feierabend!
Dann fegten wir Schiffsjungen noch eben das Deck und schlossen die Luken. Von den außenbords hängenden Stellagen, wo sie zu zweit standen und Rost klopften und malten, kamen die Matrosen hochgeklettert, griffen sich eine Pütze und holten sich Waschwasser. Die einen knurrend und schimpfend, wie es immer ihre Art war, die anderen Witze reißend. Sooft wir konnten, und wir konnten eigentlich jeden Tag, vertraten wir uns die Beine an Land. Dabei vergaßen wir nie, auf einen Sprung ins Krankenhaus reinzuschauen, in dem der kleine Adolph fröhlich genas und zusehends dicker wurde. Er meinte zwar, daß der häufige Besuch gewiß mehr dem frischen Obst gelte, mit dem man ihn reichlich versorgte, aber das war nur ein Flachs unter Freunden. Jeder suchte ihn zu zerstreuen.
»Stell dir vor, Adolph«, trompetete der Koch und warf sich in Athletenpositur, »ich bin unwiderruflich der stärkste Mann an Bord. Ich habe vorhin eine Achse mit zwei Rädern der Kleinbahn in die Höhe g-g-gestemmt. Fühl mal meine Muskeln, fühl mal!«
Und der Kochsmaat, der seine irren Gedanken vom Überbordspringen längst aufgegeben hatte und wieder ganz vernünftig geworden war, bestätigte ernsten Gesichts: »Jawohl, er hat vorhin eine Achse mit zwei Rädern gestemmt, er ist doch wohl der stärkste Mann an Bord.«
Der krausköpfige, säbelbeinige Bootsmann ging zu Adolph. Jedem, der es hören wollte, hatte er es in seiner Freude schon erzählt, und nun war Adolph dran.

»Stell dir vor, du, meine Frau schreibt mir, zu Hause ist was Kleines angekommen, ein strammer Bengel. Na, was sagst du nun?«
»Gratuliere herzlich, ist ja prima«, freute sich der Genesende mit ihm.
»Prima, nicht wahr? Was meinst du wohl, was das für ein Wiedersehen zu Hause geben wird. Dann kann mich der Junge doch schon erkennen«, strahlte der stolze Vater, »und du sieh nur zu, daß du bald gesund wirst. Auf den Jungen gebe ich noch einen aus. Magst doch auch einen, was?«
O ja, Adolph mochte gern einen. Bald wurde er gesund und erschien eines Tages voller Tatendrang wieder an Bord. Er hatte ja so viel nachzuholen. Auch mußte er sich erst einmal die Beine vertreten. So zogen wir nach Feierabend durch die Gegend. Nie aber ging es weiter als bis dorthin, wo der einzige Schienenstrang in den Busch mündete. Man erzählte uns, daß es nur ein schmaler Buschgürtel sei und dahinter ausgedehnte Weizenfarmen lägen. Der Schienenstrang und die Telegraphendrähte verschwanden am Horizont. Und ganz in der Ferne kamen die blauen Berge. Es war das ländliche Australien.
An entlegener Stelle stießen wir auf einen Obelisken. Was mochte er zu bedeuten haben? Das ist schnell gesagt, meinte James Le Cole über einer Limonade. »Also, das Monument, es ist ein bißchen stilwidrig. Das macht aber nichts. An jener Stelle haben vor rund fünfzig Jahren die letzten Schwarzen weiße Siedler überfallen. Vielleicht kann man auch umgekehrt sagen, dort haben weiße Siedler die letzten Schwarzen erschlagen. Wie man's nimmt.«

Kämpfe zwischen Schwarz und Weiß. Das war zwar interessant, lag aber schon fünfzig Jahre zurück. Wir waren eben zu spät geboren und lebten im Zeitalter der elektrischen Klaviere und des Radios. Und doch trieben sich hier noch Originale aus jener Zeit herum. Beispielsweise jener Mister Lacking, dessen Bekanntschaft Seppel und ich machten. Mister Lacking war ein alter Witwer, der aus einem Dorf in Dartmoor stammte. Als er so alt war wie wir, hatte er England verlassen, in Australien nach Gold gegraben, Schafe gezüchtet und geheiratet. Frau und Kind starben ihm, der Goldfluß versiegte. Die Bank war mit seinen Ersparnissen in Konkurs gegangen, die Wolle an der Börse gefallen und die Schafe verdurstet. Yes, boys, such is life in Australia. Ja, Jungens, so ist das Leben in Australien.

*

Es war kurz nach Feierabend. Die Arbeiter hatten schon das Schiff verlassen und jeder war mit sich selbst beschäftigt, als zwei der Leichtmatrosen über Deck gingen. Da blieb der eine wie angewurzelt stehen. »Still mal, hörst du nichts?«

»Nee, was denn? Doch — jetzt!« Sie lauschten regungslos.

Ein Wimmern und Stöhnen kam von irgendwoher. Wo konnte das bloß sein? Sie guckten über Deck und außenbords, nein, da war nichts zu sehen. Also mußte es aus dem Bauch des Schiffes kommen. Sie traten an die Großluke. »He, ist da jemand?« riefen sie ins Zwischendeck hinunter. Keine Antwort. Sie wollten sich eben abwenden, da hörten sie es wieder.

»Du, das ist nicht hier, das kommt von vorne aus dem Unterraum.« Eilig kletterten sie die eiserne Raumleiter hinunter und fanden auf einem Rest von Ballast den Segelmacher zusammengesunken. Er jammerte vor sich hin und hielt sein linkes Bein.

»Ach, helft mir doch und holt schnell den Doktor«, bat er kläglich, »ich bin abgestürzt und liege schon eine ganze Weile hier. Nicht anfassen! Mein Knie — o — o — oooh!«

Der Doktor war auch gleich bei der Hand. Auf einer Bahre hievten wir den verunglückten Segelmacher an Deck. Er gab an, er sei nach dem Fortgang der Hafenarbeiter in die Großluke eingestiegen und durch das dunkle Zwischendeck nach vorne gegangen.

»Was wollten Sie denn noch so spät dort?«

»Ich hatte noch Werkzeug im Zwischendeck liegen. Das wollte ich einsammeln, bevor die morgen früh dort zu stauen anfangen.«

Das klang einleuchtend.

»So, und dann?«

»Dann bin ich die Vorluke hoch und wollte an Deck. Aber ich hatte die Hände voll, verlor den Halt und fiel von ganz oben rücklings in den Unterraum.«

»Mann, Sie hätten sich den Hals brechen können«, sagte der Doktor und setzte gewohnheitsmäßig hinzu, »haben Sie Zeugen? Die können wir für den Unfallbericht brauchen.«

»Nein, Zeugen habe ich keine«, antwortete der Segelmacher.

Nichtsdestoweniger, es klang alles glaubhaft genug, und den stechenden Schmerz im Knie konnte ihm auch niemand widerlegen. Nur daß sich eben keine wesentliche Verletzung fand, außer einer blutunterlaufenen Stelle, die er schmerzverzerrten Gesichts kühlte. Und wie man ihn dann so in der Sonne sitzen und sein Knie pflegen sah, wurde plötzlich von irgendwoher das Wort vom »Segelmacher mit dem ausgeschäkelten Bein« laut. Dazu auch der Verdacht, daß er sich die kleine Knieverletzung möglicherweise selber beigebracht haben könnte.

»Aber warum denn nur?« fragten die einen.

»Mensch, seid ihr denn blöd?« wisperten die andern hinter der vorgehaltenen Hand, »der will sich von der Arbeit drücken. Dem steckt die Ruhezeit des kleinen Adolph im Kopf und die Angst in den Knochen. Er ist doch feige und geht höchst ungern zum Segelfestmachen mit oben rauf. Habt ihr das denn wirklich nicht bemerkt?«

Ja, sicher hatte man das bemerkt, sich aber wenig dabei gedacht. Schließlich hat man genug mit sich selbst zu tun.

»Na, dann wird es aber Zeit. Das schwerste Stück Arbeit fängt nämlich erst an. Auf der Heimreise, da könnt ihr was erleben. Da könnt ihr den Teufel tanzen sehen, mit dem beladenen Schiff. Kap Horn wartet schon, mein Junge. Entsinnst dich doch noch, wie der Erste im Indischen Ozean einmal bemerkte, mit einem leeren Schiff und trockenem Deck könne auch seine Großmutter zur See fahren?!«

Zu allen versteckten Anspielungen lächelte der Segelmacher gequält und unschuldig. Es wurde immer eine Grimasse daraus. Da sehe man es wieder, man könne ihn eben nicht leiden und traue ihm alles Mögliche zu. Nur der Arzt kannte ihn nicht und hatte wieder einen

Fall, an dem er herumdoktern konnte, vielleicht monatelang. Und in der Zwischenzeit war der Segelmacher fein raus und lebte einen guten Tag. Derartige Vermutungen lagen nahe. Der ›Greif‹, von dem die Erfahrenen gesagt hatten, daß sein Deck bei beladenem Schiff eine Waschbalje sein würde, tauchte immer tiefer ein. Weizensäcke kamen mit der Eisenbahn. Weizensäcke kamen auch mit kleinen Küstenseglern, die an den ›Zeus‹ erinnerten. Segler mit hübschen Namen wie ›Jessie Darling‹ und ›Cooringle‹. Der Donkey, unsere Winde, ratterte von morgens bis abends. Die Laderäume füllten sich zusehends. Und zusehends sank der Windjammer tiefer und tiefer, und der Abstand zwischen Lademarke und Wasseroberfläche verringerte sich mehr und mehr. Sechs Wochen waren schon vergangen, und die ersten Winterregen fielen rauschend wie an der Riviera.
Das Pfingstfest verlief schläfrig und still. Wir Jungens schälten Kartoffeln, dann segelte der Zweite mit uns im Rettungsboot kreuz und quer über die Bucht, und schließlich schrieb ich Tagebuch.
An einem Samstag wurde der letzte Sack übernommen. Sowohl den Unterraum wie auch das Zwischendeck hatte man bis obenhin vollgestaut, sozusagen randvoll. Die Hafenarbeiter wischten sich den Schweiß von der Stirn, bekamen ihren Schnaps und verzogen sich mit allen guten Wünschen für eine glückliche Heimreise. Wir legten sorgfältig die hölzernen Lukendeckel an, der Zimmermann trieb Werg in die Fugen und nagelte Segeltuchstreifen darüber. Obendrauf kamen drei wasserdichte Persenninge, eine immer besser als die andere. Schließlich noch zwei starke Verschlußbalken in eisernen Bügeln, um sie in ihrer Lage zu halten. Letzten

Endes ging es nicht nur um die Ladung, sondern darum, daß kein Wasser ins Schiffsinnere drang. Mit anderen Worten: um unser Leben.
Wieder einmal wuschen wir Deck, diesmal nur noch gründlicher. Die letzten Weizenkörner schwemmten durch die Speigatten außenbords. Jeder Handgriff wurde wohl überlegt. Erst recht beim Wiederaufbringen der zweiundzwanzig Segel, die den ›brüllenden Vierzigern‹ und den ›heulenden Fünfzigern‹ würden standzuhalten haben, jenen sprichwörtlich sturmgepeitschten Breitengraden. Zwar schob sich der Termin der Heimreise wegen der üblichen Formalitäten noch um Tage hinaus. Wir waren kein Schnelldampfer, das gab uns noch eine Atempause. Nur sollte unterdessen auf der Reede geankert werden. Das Liegen an der Brücke kostete nur unnütz Geld. Wann es soweit sein würde, wußte noch niemand zu sagen. Vielleicht schon morgen, vielleicht auch erst in der kommenden Woche. Jeder Schritt an Land konnte der letzte sein.

*

Ein Montagmorgen ist selten schön. Wir sahen den Bootsmann verdrossen ins Matrosenlogis reinschauen und hörten sein übliches Kommando zum Arbeitsbeginn »Törn to« und nach einer Weile: »Na, wird's bald? Ihr habt wohl noch nicht ausgeschlafen?« Sie waren ihm offenbar nicht schnell genug.
Arthur, der älteste Matrose, protestierte lauthals: »So kannst du nicht mit uns umspringen, das merk dir mal.« Darauf der Bootsmann noch lauter: »Ich werd noch ganz anders mit euch umspringen, wenn ihr so wollt.« Und

dann ein paarmal »Franz, Franz — wo zum Kuckuck ist Franz?« Keine Antwort. »Weiß jemand, wo Franz ist?« Anscheinend wußte es keiner.
»Moment mal«, wandte sich Hannes an uns, »ich will doch mal sehen, was da vorne eigentlich los ist.« Mit großen Schritten stelzte er davon. Nach einer Weile stürmte der Bootsmann wütend nach achtern zum Ersten, zusammen begaben sie sich nach vorne. Hannes kam kopfschüttelnd wieder. »Es sieht so aus, als ob Franz verschwunden ist.«
Der Matrose Franz verschwunden, wenn das keine Sensation war! Es stellte sich heraus, daß er wie immer am Samstagnachmittag sein Kleinkalibergewehr genommen hatte und auf Kaninchenjagd gegangen war. Er war nicht zurückgekommen und am Sonntagmittag auch nicht zum Essen erschienen. Das war sonderbar; denn wer läßt schon eine gute Sonntagsmahlzeit im Stich. Nun, mit Beginn der neuen Woche wurde die Angelegenheit kompliziert. Das Schiff stand immerhin im Begriff auszulaufen und brauchte jede Hand, auch den stillen Spintisierer Franz.
»Vielleicht ist er gerade deshalb verduftet«, meinte Hannes und griente verstohlen, »das wäre direkt ein Gegenstück zum Segelmacher. Jedenfalls liegen in Franzens Spind nur noch alte Plünnen und Decken, alles andere ist fort.«
»Da fällt mir was ein«, mischte sich der Leichtmatrose Sievers ins Gespräch, »habt ihr eigentlich nie bemerkt, daß Franz immer merkwürdig dick angezogen auf Jagd ging und jedesmal schlank zurückkam? Der hat sich mehrere Sachen übereinander angezogen und so sein ganzes Zeugs fortgebracht.«

»Tatsächlich, da ist was dran«, pflichtete ihm Klint bei, »nun, wo du es aussprichst, kommt es mir auch so vor.«
»Raffiniert, was?«
»Aber das wäre ja eine vorbereitete Flucht«, gab ein anderer zu bedenken.
»Na, und wenn schon. Was denkst du denn, Kleiner, was es ist?!«
»Ja, und darum hat er auch in jeder freien Minute Englisch gepaukt«, meinte ein ganz Schlauer.
»Ach, geh doch los! Englisch pauken andere auch, macht es man nicht ganz so schlimm.«
»Ein schöner Held, einfach abzuhauen, das sieht ihm ähnlich.«
»Was sieht ihm ähnlich? Vielleicht war ihm die lange Reise einfach zu langweilig, und er will was Neues erleben.«
So wechselten Rede und Gegenrede. Alle aber stimmten darin überein, daß Franz nicht weit kommen würde.
»Er erhält ja keine Einreiseerlaubnis, wird von der Polizei aufgegriffen und als unerwünscht aus Australien ausgewiesen. Erst recht, wenn der Alte ihn als desertiert meldet, und das muß er ja wohl.«
Das tat der Kapitän denn auch. Während man an Bord noch herumrätselte, durchstöberten die Berittenen schon den Busch, um dreizehn Meilen außerhalb von Port Lincoln Teile eines Photoapparates und eine alte Hose zu finden. Armer Franz!
Franz hielt sich jedoch ganz woanders versteckt. Wo, erfuhren wir Tage später, als wir dann wirklich auf Reede ankerten und ein breiter Streifen Wasser das Schiff vom Lande trennte. Bildlich gesprochen standen wir mit

einem Bein noch in Australien, mit dem anderen dagegen schon auf See. Wieder waren wir auf uns selbst angewiesen und hatten uns der gewohnten Windjammerroutine unterzuordnen.
Alle Gedanken drehten sich um die Heimreise, von der wir auch jetzt nicht wußten, wohin sie uns endgültig führen würde. Falmouth for Order — hieß es, die schon klassische Formel der Segelschiffsreisen nach Europa. Dort in der weiten Bucht am Westausgang des Englischen Kanals, die schon zahllose Segelschiffe angelaufen hatten, würden auch wir erfahren, für welchen Endhafen man sich während der langen Rückreise entschlossen hatte.
Die paar Erfahrenen unter uns murmelten wieder etwas von einer Waschbalje, und wenn sie über Bord blickten und sich ihre Gesichter in der beängstigend nahen Wasserfläche spiegelten, zogen sie die Stirne in Falten. Ganz zu schweigen vom jammernden Segelmacher, der sich in jeder freien Minute sein Knie massierte und mühsam über Deck humpelte.
Sogar ein Passagier hatte sich eingefunden: ein Ziegenbock. Was sollte ausgerechnet ein Ziegenbock auf einem Windjammer? »Er ist dem Alten als Geschenk angedreht worden, weil ihn jemand los sein wollte«, verriet der Steward, »und in seiner Gutmütigkeit mochte er ihn nicht zurückweisen.«
»Aber wir müssen es ausbaden, wenn der seine Rosinen hinterläßt«, maulte Hannes, »das habe ich gern.«
Der Bock war nun einmal da und steckte seine feuchte Nase in alles und jedes. Als sähe er das Unpassende seiner Lage ein, ging er zuweilen wütend gegen die beiden Schweine vor, die uns schon genug Mühe machten,

stieß des Alten Hund oder verrichtete seine Geschäfte über dem sauber aufgeschossenen Tauwerk. Er fraß Seegras und hatte anscheinend eine Vorliebe für Tabak, den er wie ein alter Seebär kaute, daß der braune Saft in seinen zottigen Bart sickerte. Der Doktor rümpfte die Nase und ging ihm aus dem Wege. »Meinetwegen kannst Nikotinvergiftung kriegen.«

*

Der Bootsmann winkte mich heran. »Paß auf, für das Kapitänsboot werden drei Ruderer gebraucht. Ich habe dich, den langen Hein und Klint vorgeschlagen, und dem Ersten ist's recht. Zieht euch also ordentlich an und seht zu, wie ihr klarkommt.«

»Daran soll es nicht fehlen«, erwiderte ich fröhlich. Bootsgast zu sein war eine feine Sache. Während alle andern seeklar machten und von der Mannschaft niemand mehr an Land durfte, pendelten wir zwischen dem ›Greif‹ und Port Lincoln hin und her. Man kannte uns drei Letzten in der schneeweißen Gig, auf deren Ducht immer eine Flagge ausgebreitet war, und winkte uns schon von weitem entgegen. Immer fanden wir Zeit, die Uferpromenade entlangzuschlendern, und genossen es, wenn wir einmal bis spät in die Nacht auf einen der Achtergäste warten mußten, der sich vom ›Grand Hotel‹ nicht trennen konnte. Manchmal auch auf drei zugleich.

Eine Überraschung gab es auch. »Setzt mich mal rüber«, befahl der Erste, »ich habe was zu erledigen.« Ab ging es mit langen Ruderschlägen. Drüben hieß er uns warten. Als er nach einer halben Stunde wiederkam, trug er einen Schießprügel lässig unter den Arm geklemmt und rieb sich zufrieden die Hände. Hinter ihm ging ein Polizist. Dazwischen aber spazierte ein Seemann. Er hatte seinen Zeugsack geschultert und sah im übrigen recht mitgenommen aus. Als wir sie so im Gänsemarsch daherkommen sahen, mußten wir so lachen, daß es uns fast aus dem Boot warf. Der Erste lachte auch. »Jungens, hier bringe ich Wildtöter zurück.«

»Franz, wo kommst du denn her?« begrüßten wir ihn mit Hallo. Aber Franz würdigte uns keines Wortes. Die ganze Rückfahrt zum ›Greif‹ schwieg er hartnäckig. Wir waren noch nicht ganz wieder angelangt, da guckte zufällig ein Gesicht über die Reling, erkannte uns und war blitzschnell wieder verschwunden, Sekunden später standen sie dichtgedrängt und starrten uns schweigend entgegen. Der Erste konnte nicht mehr an sich halten, schwang das Gewehr und schrie hinüber:

»All Händs hurra, Buffalo Bill ist wieder da!«

»Hurra, hurra, Buffalo Bill ist wieder da«, lachte, schrie und winkte alles durcheinander. Junge, war das ein Spaß! Der Ausreißer, der Deserteur, der Mann mit der schönsten Stimme, der große Wildtöter hatte sich wieder eingefunden. Franz verschwand mit gesenktem Kopf (aber nur weil er sich bücken mußte) im Matrosenlogis wie ein Zugpferd im gewohnten Stall. Erst nach und nach erfuhren wir, was sich wirklich abgespielt hatte.

Franz hatte sich nahe Port Lincoln in einer Höhle versteckt, von der aus er das Schiff im Auge behalten konnte. War es erst auf und davon, wollte er sich den Behörden stellen und im Lande bleiben. Aber er hatte sich mit dem Auslaufen verkalkuliert, und bald wurden ihm Proviant und Trinkwasser knapp. Ein Polizist beobachtete ihn, als er sich im Mondenschein an einem

Brunnen zu schaffen machte. Der Rest war ein Kinderspiel. Immerhin ließ man sich noch einige Tage Zeit, bevor man ihn festnahm.

»Und für jeden Tag haben sie mir ein Pfund angerechnet«, schimpfte Franz und offenbarte sich dem teilnahmsvollen Zimmermann, »und am Ende muß ich das alles selber bezahlen.«

»Nun, du hast doch wenigstens deinen Spaß dafür gehabt«, tröstete ihn Robert Blum.

»Ach weißt du«, druckste Franz, »anfangs war es ja ganz schön. Nur nachts war es recht kühl. Wenn es hell wurde, sah ich zuerst aufs Wasser und hoffte, ihr wäret schon fort. Aber je länger es dauerte, umso bedenklicher kam mir alles vor, und ich sehnte mich nach meiner alten Koje an Bord zurück. Nur mochte ich nicht von alleine zurückkommen und war erleichtert, als mich die Polizei aufgriff. Ich hatte die Nase gestrichen voll. Vielleicht kehre ich später einmal als regulärer Einwanderer nach Australien zurück.«

Franz kam nie wieder nach Australien. Seine Wanderlust führte ihn später zu Fuß durch Europa. Am Rande einer polnischen Landstraße fand man ihn tot auf.

*

Im Kartenhaus lag das Schiffstagebuch. Darin stand zu lesen, daß das deutsche Vollschiff ›Greif‹ mit dreitausend Tonnen Weizen in Säcken beladen sei. Die Ladung sei von Berufsstauern unter Aufsicht der Schiffsoffiziere nach Seemannsart gestaut und gesichert. Proviant und Trinkwasser befänden sich in genügender Menge und guter Beschaffenheit an Bord. Die Besatzung sei voll-

zählig und gesund und das Schiff überhaupt seetüchtig und reisefertig.
Der Kapitän zeichnete sich und die Reederei »unter keinen Umständen verantwortlich für die Folgen von höherer Gewalt, von Krieg, Aufruhr und Blockade, von Zwang durch Fürsten, Regenten oder Völker, von Kollisionen, Feuer an Bord und epidemischen Krankheiten, von allen während der Reise eintretenden außergewöhnlichen Ereignissen.«
Die Hafenabgaben wurden bezahlt, ›Greif‹ konnte segeln. Beide Wachen durften abwechselnd noch ein letztes Mal an Land. Hans-Günther und andere gingen noch schnell in die Messe. Es wehte eine steife Brise, hoffentlich hielt sich der Wind.
Wir genossen noch eine letzte ›Bauernnacht‹, fanden aber schon keine richtige Ruhe mehr. Weder in dieser, noch in der nächsten, noch in einer langen Reihe wilder Nächte, die auf uns zukamen.

Kap Horn entgegen – Das Schiff ist eine Waschbalje – Der rasende Ozean – »Mann über Bord!«

Es wollt ein Mädchen früh aufstehn,
dreiviertel Stund vor Tag,
in dem Wald wollt sie spazierengehn,
halli-hallo — spazierengehn,
bis daß der Tag anbrach.

Der Gesang verstummte. Es war noch dunkel. Tap-tap machten die Schritte der Mannschaft, die sich gegen die Handspaken drückte und das Gangspill umkreiste. Klipp-klapp machten die Pallen. Glied auf Glied der leise klirrenden Ankerkette wurde vom Spill durch die Klüse ins Schiff zurückgezogen und versank im Kettenkasten.
»Haut rein, Bengels, strengt euch an!« schrie der Bootsmann, »meine Güte, was ist los mit euch, habt ihr noch nicht ausgeschlafen? In de Gang, in de Gang, ich will zu meinem Jungen nach Hause.«
Keiner antwortete. Tap-tap machten die Schritte, klipp-klapp die Pallen. Eine zusammengekrümmte Gestalt starrte am Bug über die Seite: der Erste. »Anker ist up und dol», rief er plötzlich und richtete sich auf.
Eine schwache Helle lief über den Himmel, die Sterne verblaßten. Während der Anker aus dem Grunde

brach, machten einige Leute die Marssegel los. Die Morgenbrise verfing sich in den schweren, buchtigen Lappen. Vor dem Steven kräuselte sich eine kleine Bugwelle, rann plätschernd die Bordwand entlang, verwirbelte hinter dem Ruderblatt. Vollschiff ›Greif‹ segelte.
Befehle ergingen, Menschen rannten und enterten auf, gruppierten sich und fielen in Tampen ein. Rahen schwangen herum. »Alle Mann und der Koch, he-ho-ha, he-ho-ha —!«
Stöhnend, wie in großem Schmerz hörte sich das an. Langsam und im gleichen Maße, wie das Schiff Fahrt aufnahm, wich das Träge von mehr als sieben Hafenwochen aus den Gliedern. Es war wie immer. Brassen wurden steifgeholt, Leinwand knatterte und rauschte. Segel baute sich auf Segel, Mast um Mast bedeckte sich. Immer höher, immer höher.
Als das Schiff die Bucht hinter sich ließ, ging gerade die Sonne auf. Purpurrot rollte sie über die buschbedeckten Hügel, brach sich in den Fenstern des Hafenamtes, in den Scheiben der ›Parish Hall‹, erhellte die Inschrift des ›Grand Hotel‹. Sie überflutete die beiden Ladebrücken mit Licht und übergoß die Küstendampfer, deren Kombüsenschornsteine eben zu schmauchen begannen, und die stille Reede mitsamt den ankernden Fischerbooten mit Gold und Glanz.
Eine Landzunge schob sich vor und nahm Port Lincoln sachte, ganz sachte fort. Weit im Hintergrund verloren sich die Berge im blauen Dunst. Das Festland gab uns den Abschied. Vor uns lag der 6000 Seemeilen lange, einsame Törn zwischen Australien und dem berüchtigten Kap Horn an der äußersten Spitze Südamerikas. Vor uns lag die Domäne der Walfische und Albatrosse,

der ständigen Westwinde und der höchsten Wogen. Leben auf einem Windjammer ...
Möven kreischten. Schwerfällig wiegte sich das Segelschiff in der unruhigen See. In der Kombüse klapperten Töpfe und Pfannen. Im Vorbeigehen ließ ein Matrose die typische Bemerkung fallen: »Na, Koch, rührst du schon den Topf mit der Hunderttagesauce an? Die wird dann wohl für die ganze Heimreise vorhalten.«
In den Baljen lag wieder Salzfleisch zum Wässern.
Der stärkste Mann an Bord schien mit seinen Gedanken ganz woanders und hörte gar nicht hin. Alle waren ein bißchen nachdenklich und zerstreut. Es war ein Montag, in Port Lincoln würden sie heute wieder tanzen. Es war der 23. Juni, Mittwinter auf der südlichen Halbkugel. Die Kälte würde auch noch kommen. Das erste Wasser leckte vorwitzig an Deck.
Wir zogen Strecktaue von vorne bis hinten. Dicke Drahtseile, straff versteift und in Kinnhöhe — zum Festhalten! Ein Matrose räsonierte: »Das kann ja gut werden! Wo ich zuletzt gefahren hab, hängte man ganze Netze zwischen den Wanten an der Reling auf, in denen man sich festkrallte, wenn's hart auf hart kam. Aber nur zwei Strecktaue, das ist nicht gerade viel.«
»Anderswo ist immer alles besser«, besänftigte ihn ein anderer, »und das letzte Schiff war bekanntlich immer das schönste. Warum bist du denn nicht dort geblieben?«

*

Nachdem ungünstige Winde drei Tage zum Kreuzen gezwungen hatten, was die Schwarzseher sofort zum Unken brachte, passierte der heftig schlingernde ›Greif‹

wieder die Känguruhinsel. Wenig später erreichte er südwestlich von Tasmanien die Westwindtrift, alle Segel im Topp. Der Wind hatte nachgerade die Köpfe durchgelüftet und ihre Besitzer wieder in die so gewohnte Segelschiffsroutine fallen lassen. Gewohnheiten erleichtern eben das Leben.

Die Ankerketten wurden ausgeschäkelt, abgekratzt und frisch geteert. Die Toppsgäste hantierten wieder in ihren Masten. Der Koch fabrizierte seine Küchengeheimnisse und fühlte sich stark. Zimmermann und Meister beseitigten kleinere Schäden, und der Segelmacher massierte sein Knie. Der Zweite und der ganz junge Dritte, die nach dieser Reise den Kapitänslehrgang besuchen wollten, sammelten eifrig astronomische Beobachtungen. Sie hielten so tiefschürfende Erkenntnisse bereit wie: »Navigation ist, wenn man trotzdem hinkommt.« Oder: »Es gibt in der Nautik nur zwei Probleme: Wo steht mein Schiff in diesem Augenblick, und wie komme ich von hier zum Ziel.« Das waren letztlich auch die Probleme unseres Kapitäns, der den Gentleman wieder an Land gelassen hatte und sich im wollenen Troyer über den Tisch des Salons beugte, wo Seekarten und Handbücher lagen, überschrieben ›Südlicher Pacific‹.

Die Glocken markierten wieder den Tagesablauf: ein helles »Los, los« und ein dunkles »Ja doch, ja doch«. Der Tag hatte vierundzwanzig Stunden. Es hieß wieder »Backbordwach alle da — Stürbordwach alle da«, und »Verfang Ruder und Ausguck«. Bis es das nächstemal ein Glas zum Wecken schlug, einer von uns Jungens mit Teekanne und Essenschüssel ins Logis eilte und eine neue Wache aufzog. Von mittags halb eins bis abends um halb sieben. Von abends um halb sieben bis Mitternacht. Von Mitternacht bis vier, von vier bis acht, und von acht bis mittags halb eins. Damit war der Kreislauf geschlossen.

Der Hafen lag in der Vergangenheit. Ein paar Fotoapparate waren nachgeblieben, einige Konservendosen und ein ganzer Haufen englischer Magazine und Zeitungen, darunter solche mit der balkendicken Schlagzeile ›Trouble Times in Germany‹ — Unruhen in Deutschland. Doch das berührte uns kaum, Deutschland lag in einer anderen Welt, 13 800 Seemeilen entfernt. Fast schien es uns, als wäre die Ausreise überhaupt nicht unterbrochen worden. Nur die vollen, verschlossenen Luken sagten es anders und verhinderten die freundliche Selbsttäuschung. Wir durften uns nichts vormachen.

Eine unsichtbare Faust drückte das Schiff hinunter und ließ es tief eintauchen: die Weizenladung. Sie lag ihm schwer im Magen. Die erst mäßig bewegte See quoll schon in dicken Strahlen durch die Speigatten, leckte über die Verschanzung. Sie ließ Rost und Salzkrusten zurück und zwang uns in die Seestiefel. »Das Wasser küßt uns die Füße«, rief Hein überschwenglich und sprang lachend beiseite. Seine Augen leuchteten so blau wie der heitere Himmel. Hannes tippte sich vielsagend an die Stirn. »Du langer Lulatsch wirst dich noch wundern.« Er konnte ihn noch immer nicht recht ausstehen.

Es war dies noch die gleiche See wie auf der Ausreise, aber aus der Perspektive der Wasseroberfläche kam sie uns höher und wilder vor, und mit der Zeit wurde sie auch tatsächlich höher und wilder. Am achten Tage fing das Barometer langsam und stetig zu fallen an. Das Meer erhob sich, aufgepeitscht vom ständigen Westwind, der sich in der Weite des Ozeans steigerte und uns zwang, ein Segel nach dem anderen fortzunehmen, bis nur noch sieben, acht stehen blieben: die Fock, die Marssegel, Stagsegel. Der strahlend blaue Himmel bezog sich mit niedrigen Wolken, die schneeweißen Schaumkronen der Tasman-See wurden trübe. Wir schlüpften in das Ölzeug, es goß.

Der Regen hörte auf, und der Wind nahm zu. Der an sich schon hohe Süll aller Außentüren wurde durch einsetzbare Bretter noch erhöht: das Wasser kam.

Im Salon stand immer eine dickbauchige Flasche. Der Alte hatte einmal scherzend gemeint, wenn diese umfalle, sei es stürmisch. Nun lag sie schon längst auf dem Boden und rollte mit den Bewegungen des Schiffes von Seite zu Seite, ohne daß sich jemand nach ihr bückte. ›Greif‹ schwang heftig vor Wind und See, sehr zum Verdruß der schwitzenden Rudergänger, die sich mit zwei Mann in die Speichen warfen, um das große, wirbelnde Rad überhaupt zu bändigen. Die tiefere und verhängnisvolle Bedeutung der einmal belächelten Redensart »das Schiff ist die reinste Waschbalje« wurde schrecklich klar und öffnete uns die Augen. Das Vollschiff hatte mittschiffs keine schützenden Aufbauten wie manche Viermastbark. Sein Großdeck lief von vorne bis hinten glatt durch. Und dieses, von der schulterhohen Verschanzung wie von einem Rand eingefaßte Deck verwandelte sich zu unserm Erstaunen in ein Bassin. Das überkommende Wasser wurde immer erst eine ganze Weile hin und her geschaukelt, ehe es durch die Wasserpforten abfloß, und drückte durch sein Gewicht das Schiff noch tiefer hinunter. Die eisernen Pforten knallten und lärmten Tag und Nacht, kamen aber nicht gegenan.

Mit völlig durchnäßtem Zeug, das am Leibe klebte, wateten wir umher und hielten uns nur noch an den Strecktauen aufrecht.

Tonnenschwer donnerten die von achtern auflaufenden Wassermassen an Deck, überspülten die Luken und fluteten sogar über die Schotten der Türen hinweg in die Unterkünfte. Dort schwemmten sie alle auf dem Boden liegenden und herabgefallenen Gegenstände mit sich fort: Kleidungsstücke, Bücher, Zahnbürsten und Blechdosen.

Bullaugen und Türen wurden nur noch selten geöffnet. Die trüben Petroleumlampen mit ihren zerbrochenen Zylindern blakten und stanken. In den Räumen lagerte verbrauchte Luft. Von den Kojenseiten rann die Feuchtigkeit und löste die Bilder der Angehörigen ab, die sich nun grotesk verbeugten. In den Spinden schimmelte es, die Seegrasmatratzen stockten, und es roch faulig. Wir hätten zu gerne den kleinen Ofen wieder angesteckt, aber der Erste riet davon ab. »Es hat wenig Zweck, dabei entstehen nur Gase und Rauch, und warm wird es trotzdem nicht.«

So bewegten wir uns in nassen Kleidern, die wir vorm Schlafengehen auswrangen und beim Wachwechsel wieder feucht überzogen. Warum auch nicht? Kaum an Deck, durchweichten uns die Brecher im Nu bis auf die Haut. Da halfen weder Ölzeug noch Seestiefel, von denen ein Spaßvogel behauptete, es flösse unten mehr raus als oben rein.

Und in der Takelage pfiff der Wintersturm, vom Baß bis zum schrillen Diskant. Das jaulte, flatterte mit den Leinen und krachte. Das Geprassel der eisernen Nieten in den Rahen schlich sich in unsere Träume. Die Wachen fanden keinen Augenblick Ruhe, sondern schlugen sich bis zur Erschöpfung mit den nassen, brettersteifen Segeln herum. Die Nächte wurden so schwarz, daß man sie mit den Händen zu greifen glaubte. Die donnernden Seen glommen wie Phosphor, die Wasserpforten klappten, und die Masten torkelten. Wer in ihnen umherturnte, fühlte sich frei schweben und verlor den Sinn für Schwere, Höhe und Gleichgewicht. Von allem losgelöst trieb er dahin. Inmitten einer wirbelnden Welt.

*

In den Morgenstunden des zehnten Tages schien der Wind abzuflauen. Weit gefehlt, es war nur eine Atempause, in der er ausholte, um nach einem schier gründlichem Sonnenaufgang noch heftiger einzufallen. Die See ging herzbeklemmend hoch. So weit das Auge reichte, erblickte es nur Wellenberge, die wie Lawinen angejagt kamen und das vor dem Winde segelnde Schiff überholten. Sie rollten auf uns zu, gekrönt von Sturzwellen, die der Wind abriß und wie Marmoradern aus Schaum über ihre Seiten blies. Man sah sie einzeln anlaufen, höher und höher, bis plötzlich kurz hinter dem Heck eine steile Mauer dastand, zu der man gebannt emporschaute.
Dann lüftete sich das Heck wie mit magischer Gewalt. Die Wassermasse schob sich unter ihm hindurch, rollte die Seiten des Schiffes entlang und ergoß sich aufs Deck. Sie lief auf und davon, der Bug hob sich an, und das nach hinten geneigte Schiff schlug schwer mit dem Ruder in die See. Stärker denn zuvor gierte es von Seite zu Seite. So ging es mehrmals hintereinander, bis in

fast regelmäßigen Abständen ein kleinerer Hügel heranrollte und das Schiff für einen Augenblick stiller lag.
Acht Glas — zwölf Uhr mittags — Windstärke 10 bis 11! Mit über hundert Stundenkilometern raste der orkanartige Sturm dahin. Als ich mit der Backbordwache aufzog, war es atemberaubend, wir suchten Schutz und ein trockenes Fleckchen unter der Back. Die abgelösten Leute rannten fluchtartig an uns vorbei in ihre Unterkünfte. Der Horizont war verschwunden, das Meer nur ein brodelnder Hexenkessel, die Luft erfüllt von Salz und Wasserstaub. Gelegentliche Sonnenstrahlen brachten kleine Regenbogen hervor.
Um uns abzulenken, sortierten wir mit klammen Fingern Tauwerkreste und ähnliches: Hannes, Moppel, die Leichtmatrosen Sievers und Kurt, und wir Jungen der Backbordwache. Spieß versuchte sich wieder in originellen Sprüchen, verstummte aber bald. Der dicke Korl machte eine geringschätzige Geste zum Meere hin, aber ich sah, daß es ihm doch naheging. Andere zeigten die mutige Miene der Unerfahrenen. Der kleine Bootsmann versuchte hin und wieder das Geheule in den Lüften zu übertonen, gab es aber schließlich auf.
Es pfiff in den höchsten Tönen, es brummte um die Masten, die unter dem beängstigenden Winddruck vom Flaggenknopf bis hinunter zum Kiel flatterten. Ihre Bewegungen übertrugen sich auf den fliehenden Schiffskörper. Der steckte noch immer den Klüverbaum abwechselnd gen Himmel und ein paar Augenblicke später tief in ein Wellental, als wolle er uns alle mit in den nassen Abgrund nehmen. Das Geheule und Getöse wurde so stark, daß das abgestumpfte Ohr am Ende schon fast nichts mehr wahrnahm. Die ganz wenigen Segel boten

nur noch geringe Angriffsflächen, trotzdem drückten sie den ›Greif‹ mit fliegender Fahrt vor sich her.
Das alles focht uns Jungens wenig an. Wenn uns auch nicht gerade wie dem Bootsmann zumute war, dem es nicht schnell genug gehen konnte. Er wollte mit aller Macht nach Hause und freute sich, wie der Alte jeden Luftzug ausnutzte. Es machte ihm nichts aus, daß der Kapitän — um es einmal offen zu sagen — versäumt hatte, das große Segelschiff rechtzeitig beizudrehen und das Unwetter mit dem Kopf auf der See abzureiten, wie es sich gehört hätte. Wie alle Segelschiffkapitäne wollte er die lange Distanz von Australien bis Kap Horn so schnell wie möglich hinter sich bringen und war gesegelt, was das Zeug hielt. Er ›knüppelte‹, wie man es nennt. Nun war es zum Beidrehen längst zu spät, auf Biegen und Brechen war es über uns gekommen.
In dieser Stunde wußte der Kapitän, wo sein Platz war. Er hatte sich zum Wachhabenden gesellt, wie immer in schwierigen Situationen. Lauschend stemmten sich beide gegen das Kartenhaus: der Mijnheer von Kapitän und sein Zweiter, der wie ein Mann der Bergwacht aussah. Unter dem Südwester wanderten ihre Blicke achteraus, von wo sie die Gefahr auf uns zukommen sahen, über Kielwasser und Kompaß zum ausgereckten Gewebe der Segel. Mit den trunkenen Bewegungen eines Albatrosses, der vergeblich aufzufliegen versucht, taumelten die Masten dahin.
Wenn wir über Deck blickten, sahen wir Häuser und Luken wie Inseln aus der Waschbalje herausragen. Manchmal verschwanden sie bestürzend weit im Wasser, bevor sie wieder mehr und mehr zum Vorschein kamen. ›Greif‹ zitterte wie ein lebendes Wesen. Des Meeres

Hammerschläge setzten dem Schiffskörper gewaltig zu, er ächzte und stöhnte in sämtlichen Verbänden. Er hatte immerhin schon mehr als dreißig Jahre auf dem Buckel, das ist für ein Schiff schon ein ganz schönes Alter, das seine Spuren hinterläßt.

Es war nachmittags, so zwischen drei und vier. »Zeit zum Kaffeetrinken!« Wir lasen es mehr von den Lippen des Bootsmanns, als daß wir es hörten, und spürten schon die heiße Brühe die Kehle runterlaufen. Da — was soll das? Die Trillerpfeife des Zweiten ruft einen von uns nach achtern. »Will mal sehen, was los ist, bleibt ihr man hier«, sagt Moppel und schiebt ab.

Wir sehen den Zweiten lebhaft gestikulieren, Moppel kommt bald zurück. »Die verdammten Pforten sind verbogen und verklemmt«, berichtet er keuchend und schüttelt sich vor Nässe, »das Wasser läuft kaum noch ab. Wir müssen hin und sie wieder gangbar machen.«

Nun sehen wir es selbst. Die Luken sind schon ganz untergeschnitten und bleiben es auch. Das Wasser staut sich mittelschiffs, steigt weiter und weiter, sein Gewicht drückt das Schiff tiefer und tiefer. Dort wo die Form des Schiffes ihren Tiefpunkt erreicht, steht es mit dem Meeresspiegel nahezu gleich. Ein Anblick, der einem die Luft wegnimmt. Es hilft nichts. »Da müssen wir hin, Jungkerls«, ermuntert uns der Bootsmann, »haltet nur gut die Augen auf.«

Wir stapfen an Ort und Stelle. Einer hinter dem andern, bewaffnet mit Handspaken, Brecheisen und anderem Werkzeug. Das Wasser legt sich wie eine Klammer um die Brust und erschwert das Atmen. Salzig tropft es in Augen und Mund. Die Kleider kleben am Körper und behindern uns. Das Toben der Elemente unterdrückt je-

des Wort. Auch so weiß jeder, was er zu tun hat. Taumelnd und verbissen stoßen und hämmern wir gegen die verklemmten Pforten in der Verschanzung und versuchen sie zu lösen, gedeckt vom Kapitän und vom Wachhabenden, die auf unserm Haus stehen und uns nicht aus den Augen lassen. Wenn man uns vor schweren Brechern schreiend warnt, lassen wir alles liegen und ergreifen das rettende Strecktau. Der Guß, der einem überm Kopf zusammenschlägt, hat eine ungeheuere, die Beine fortreißende Kraft.
Die Arbeit zieht sich in die Länge, es will beim besten Willen nicht gelingen, das verbogene Stahlblech gibt nicht nach. »Komm mit nach vorne«, brüllte mir der Bootsmann ins Ohr und stößt mich vor sich her, »wir holen uns Holzkeile und 'n Vorschlaghammer.«
Ich begreif auch gleich. Ja, damit würde es vielleicht gehen. In der Zimmermannshock findet sich das Gewünschte. »Los, schnell zurück.«
Ich sehe den Bootsmann vor mir herwaten. Er hat seinen Südwester verloren, der Wind spielt mit seinem blonden Schopf, seine Fäuste halten den Vorschlaghammer. Soeben hat er das Deckshaus der Matrosen passiert, befindet sich in der Mitte des offenen Decks und hat nur noch wenige Schritte zu den andern. Da geschieht es!
Auf einmal luvt das Schiff an und legt sich weit nach Backbord über. Gleichzeitig sackt es nach unten, als fiele es in ein Loch. In ein Loch, um das es von allen Seiten brandet. »Warschau — kiek ut!« schreien zwei entsetzte Stimmen. Das heißt, ich glaube sie zu hören. In Wirklichkeit höre ich nichts und sehe nur ihre verzweifelten Gesten. Eine rasende Bö hat eingesetzt.

Wie ein Wall erhebt sich das Meer hoch über uns. Oben kann man wie durch grünes Glas hindurchsehen. Dann bricht es sich schäumend und wälzt sich über das wehrlose Segelschiff, alles unter sich begrabend und mit sich fortreißend. Die Wache hängt zu einem Klumpen geballt am Strecktau.
Ich seh den Bootsmann eine Sekunde vor Schreck erstarren. Er duckt sich, hält noch immer krampfhaft den schweren Vorschlaghammer und sieht sich unentschlossen um. Im Nu ist das Wasser bei ihm, nimmt ihn mit, lüftet ihn über die hohe Verschanzung und wirft ihn über Bord. Er geht sofort unter, kommt noch einmal wie ein Korken hoch und sieht noch immer aus weit aufgerissenen Augen um sich. Dann reißt es ihn hinweg.
Als das Wasser um die Ecke des Hauses brandet, lasse ich alles fallen und fliehe in panischem Schrecken. Außenbords, zwischen den Braßtauen, hängt der Leichtmatrose Sievers. Sein gelbes Ölzeug leuchtet, er hält eine Handspake an sich gepreßt und ruft lauter als das Getöse gellend um Hilfe. Aber die ihm helfen sollen, haben Mühe, ihren Platz am Strecktau zu behaupten. Zwei Jungen haben sich an der Steuerbordtreppe zum Achterdeck festgehalten. Das Geländer ist abgebrochen, und nun haben sie sich damit an der Nagelbank verfangen. Ich glaube noch einige Köpfe zu erkennen und achtern den Kapitän, wie er einen von uns an Bord zieht. Dazu die beiden Rudergänger, die wie wild das Rad umherwirbeln. Erst jetzt merke ich, daß ich keine Keile mehr trage, sie sind alle davongeschwommen.
Dann muß ich wieder laufen, weil jetzt das Wasser von der anderen Seite kommt. Die ganze Steuerbordreling taucht ein, das Jungenhaus geht unter, das Steuerbord-

rettungsboot reißt sich aus seinen hohen Galgen und verschwindet kopfüber in der See. Sievers Schreien bricht unvermittelt ab ...
Mittschiffs ist alles Schaum und Gischt. Es schießt die Seite des Hauses entlang nach vorne. Ich laufe um mein Leben, aber das Wasser ist schneller. Es packt mich, wirft mich vor sich her unter die Back und gegen das Ankerspill, und schlägt mich grün und blau.
Als ich prustend und japsend wieder zu mir komme, schüttelt sich das Schiff und taucht langsam wie ein wunder Wal wieder auf. Die Bö hat ausgetobt. Die Stelle, wo Sievers gehangen hatte, ist leer ...
Im Kielwasser schwimmen ein paar Rettungsringe. Aber da ist nichts mehr zu machen. Egal, was auch immer ein Seeamt später über Rettungsringe, Beidrehen, Boot aussetzen und ähnlichem vorbringen mag: wen diese See einmal hat, den gibt sie nicht wieder heraus. Das Schiff selbst läßt sich nicht halten und jagt unter dem Druck der wenigen Segel auf und davon. Der Bootsmann ist weg. Das, was noch vorhin unser Nebenmann gewesen war, bleibt in der Weite des Meeres zurück. Es gibt nichts anderes mehr als das Heulen des Sturmes und die würgende Angst angesichts eines tobenden Ozeans, der so nahe ist, daß man nur die Hand hineinzustecken braucht. Und zwischen ihm und uns nur eine verbeulte Verschanzung und ein verwüstetes, schwankendes Deck. Bullaugen sind eingeschlagen. Das eine der beiden Rettungsboote fehlt, seine schenkeldicken Galgen ragen verbogen in die Luft. Den Peilkompaß hat es vom Dach unseres Hauses gefegt, die grüne Hundehütte treibt auf dem Meer. Der Ziegenbock hängt mit hervorquellenden Augen halb ertrunken, halb erwürgt an seiner Halte-

leine. Die Schweine schwimmen in ihrer Box. In allen Ecken findet sich zerschlagenes Inventar, Reste von Salzfleischfässern und Bootsriemen. Aber, o Wunder, die Wucht der Brecher hat ganze Arbeit geleistet und die verklemmten Pforten wieder gelöst! Sie öffnen sich wie eh und jeh. Das angestaute Wasser ergießt sich nach draußen und nimmt dabei das herabgefallene Tauwerk mit, das in langen Fäden nun neben dem Schiff herschleppt.

Die Angst! Sie ist noch da, als es heißt: »Alle Mann zur Wachmusterung achteraus, sehen was noch da ist!« Unsicher krabbeln wir über die Treppe, der das Geländer fehlt. Das Gesicht des Kapitäns, als er aufs Meer starrt, ist grau und ausdruckslos. Wortlos wendet er sich ab; ein großer, schwerer Mann, der mit müden Schritten ins Kartenhaus geht.

Dagegen sucht der Zweite mit dröhnenden Anweisungen seine Sorge zu betäuben. »Wollt's gefälligst nicht so den Kopf hängen lassen, ihr Deppen«, schimpft er, »geht's lieber an die Arbeit. Los!«

Sein rauher Ton reißt uns zusammen. Fieberhaft bergen wir die Trümmer fort und klarieren das Deck; mit einem Auge ständig auf dem Meer, mit einem Bein immer bereit, zu jumpen. Als hätten die Götter ihr Opfer gehabt, läßt die Wut des Sturmes etwas nach.

Der lange Hein beugt sich zu einem Speigatt hinunter. »Seht mal, was ich hier habe . . .« Seine Stimme stockt. Er hebt einen großen, schweren Vorschlaghammer auf. Wir wagen kaum hinzusehen. »Er wollte so gerne nach Hause«, brummte Hannes vor sich hin. Keiner sagt ein Wort.

Der stille Matrose Franz sagt erst recht nichts und ist

noch stiller als sonst. Er hat am Ruder gestanden, als die beiden über Bord gingen und macht sich Vorwürfe. Kann er denn wirklich was dafür, wenn das Schiff aus dem Ruder läuft? Niemand wagt das auch nur anzudeuten. Kurt und Schwidki, die beiden Leichtmatrosen, können es nicht fassen, daß der dritte ihrer Wache nicht mehr bei ihnen ist. »Wir waren doch schon auf der ›Großherzogin Elisabeth‹ ein Jahr mit ihm zusammen.« Ich muß immer an die weit offenen Augen des Bootsmannes denken. Mich hat er bestimmt nicht mehr gesehen. Er hat sich wohl nur gewundert, er begriff die Welt nicht mehr. Das ist doch nicht möglich, schien er sich zu fragen. So was passiert doch nur andern Leuten, mir nicht. So was gab es aber doch und konnte einem jeden von uns zustoßen. Wer würde der Nächste sein? Ein Unbegreifen ist auch in den Augen der Steuerbordwache, die abends ablöst und im letzten Tagesschimmer die Schäden sieht und alles erfährt. Hans-Günther ist noch nicht ganz bei sich und sagt fast tonlos: »Ich habe wie ein Toter geschlafen. Wären wir untergegangen, ich hätte nichts gemerkt.«

*

Ein Protokoll beschrieb ausführlich den Seeunfall und ergänzte das Logbuch, das kurz und knapp meldete: »Nachmittagswache: gewaltig hohe See. Furchtbare Brecher über Deck und Aufbauten. Steuerbordrettungsboot über die Seite geschlagen, zwei Mann über Bord. Können kein Boot mehr aussetzen und gebrauchen Öl zum Dämpfen der Wellen.«
Das geschah zwischen Tasmanien und Neuseeland, auf

47 Grad südlicher Breite und 154 Grad östlicher Länge, am Nachmittag des zehnten Tages der Heimreise. Ich sage es so, wie es war. Als einer der Augenzeugen habe ich das Protokoll mitunterschrieben.

Leben und Überleben – Kombüsennächte – »Das Auge des Orkans!« – Am Ende der Welt ist der Mensch schier verloren

Zum erstenmal hatten wir dem Seemannstod ins Auge gesehen. Ob der eine oder andere hernach, wie weiland der Kochsmaat, sich selbst versprach (und auch hielt) »Ich bleibe unter allen Umständen an Land. So was mache ich nicht noch einmal mit«, was half es schon! Mitgegangen, mitgehangen! Der ostwärts stürmende Segler trug uns durch eine Zeit, die uns nichts ersparte. Für überflüssige Gedanken, geschweige denn Redensarten, blieb nichts mehr übrig.

»Was mag aus den beiden geworden sein«, äußerte Hein einmal unvermittelt beim Essen. Dicken Korl blickte ihn über die Back verständnislos an. »Was meinst du, welche beiden? Ach so, die — tja Mann, ich weiß schon bald nicht mehr, wie sie ausgesehen haben.« Und fiel wieder über das Irish Stew her.

Im Vordergrund standen das Leben und das Überleben. Denn böse war der Monat, in dem wir den südlichen Teil jenes Weltmeers durchsegelten, dem die Ironie der Umstände den Namen Stiller Ozean gegeben hat. Spätere Seefahrer haben das zu korrigieren versucht, sie sprechen zumindest von den südlichen Breitengraden als von den ›roaring Forties‹ und den ›howling Fifties‹, den brüllenden Vierzigern und den heulenden Fünfzigern,

was alles besagt. Es ist die große Weite, das Feld der Kurse, die im Nichts enden.
Schlimm und hart war jener Weg am Ende der Welt, zwischen Neuseeland und Südamerika. Die Zeit verging mit dem ständigen Erwarten vertriebener Eisberge und einem verzweifelten Sichwehren gegen den tobenden Westwind und das mörderische Meer, die sich nie völlig beruhigten.
Wind, Sturm, Wellen und Brecher! Nach Südosten führt der Kurs, in immer höhere Breiten, wo der Westwind ungehindert brüllt und heult und selbst der Südwind kein Südwind mehr ist, sondern nur ein eisiger Hauch aus der nahen Antarktis. »Alles das wird man eines Tages kaum noch glauben«, behauptete lütten Sprengel, als wir müde und zerschlagen von Wache kamen. Was wir hier zu sehen bekamen, überstieg alle Vorstellungen. Niemand, der nicht diese grenzenlosen Wasserwüsten der südlichen Halbkugel durchfahren hatte, würde sich ihre Bewegungen ausmalen können: Wellen an die zwanzig Meter hoch, und dafür auch mehrere hundert Meter lang, die sich von Horizont zu Horizont wälzten und donnernd überschlugen. In ihren Trögen scheinen die Schiffe zu verschwinden. Elementaren Gewalten ausgesetzt, verliert der Mensch buchstäblich den Boden unter den Füßen. Der Mensch, im Schoße der festen Erde geboren, ist kein Amphibium. Es gab Momente, in denen selbst der Unerschrockenste von uns sein Herz in beide Hände nehmen mußte ...
Man sah den Segelmacher mühsam über Deck humpeln und doch gleich jählings davonspringen, sobald ein Brecher nahte. »Denk an dein ausgeschäkeltes Bein«, rief es hämisch hinter ihm her. Der Verspottete wandte sich

an jeden: wie es stehe, ob wir wohl noch einmal heil nach Hause kämen. Die lachten ihm ins erbleichende Gesicht. »Heil nach Hause kommen? Wo denkst du hin. Mach deine Rechnung mit dem Himmel, Vogt, früher oder später gehen wir alle in die Grabbel, hast du kapiert?«

Was wollte so ’n Invalide, der nicht mit nach oben kam, auch wenn Not am Mann war! Natürlich, immer nur im Trocknen hocken und Segel nähen! Für uns zählte in erster Linie der tatkräftige Umgang mit den großen Flächen, die oben hingen, und mit dem kilometerlangen Tauwerk. Anfangs war es spröde und wie aus Holz gewesen. Jetzt zog es sich zerfasert und weich durch unsere inzwischen spröde und hart gewordenen Hände.

›Greif‹ wanderte durch die brüllenden Vierziger und durch die heulenden Fünfziger. Eine Feder über einem Abgrund. Eine Blechschachtel, von einer Handvoll Menschen gelenkt. Das Leben bestand nur noch aus Arbeiten, Essen und Schlafen. Wenn wir nach der Wache mit halbwegs gefülltem Magen uns der verschlissenen Kleider entledigten und in die Kojen krochen, verspürten wir ein schier tierisches Wohlbehagen. Noch waschen? Wozu auch? Wurden wir doch fast täglich naß bis auf die Haut. Sie trocknete, und zurück blieb eine feine Salzschicht; ein Puder, das den Schmutz aufhellte. Das Salz des Meeres, es war überall. Im Gesicht, in den Haaren, auf den Händen. Wir schmeckten es auf den Lippen und spürten es in kleinen, entzündeten Wunden. Es blieb in der Kleidung zurück, wenn diese trocknete, und wurde durch die Körperwärme klamm und klebrig, wenn wir die Sachen wieder anzogen. »Man müßte die Plünnen einmal gründlich in Frischwasser durchspülen können«,

seufzte mehr als einer, »hat jemand eine Pütze drekkiges Waschwasser verstaut?«
Vergeblich, die hölzernen Pützen (früher einmal schön lackiert und mit dem Schiffsnamen beschriftet) waren samt Inhalt durcheinander gekollert. Und bei diesem Wetter erst noch umständlich Wasser von der Pumpe — na, hört mal, laßt uns bloß in Ruhe. Ruhe, ja, das wollten wir. Wenn wir doch nur einmal zur Koje gegangen wären mit der Gewißheit, ausschlafen zu können. Mal riß uns der Ruf »Alle Mann an Deck« aus dem tiefsten Schlaf, das andere Mal das Gebrüll von Spieß, der vor Nässe und Kälte wieder Wadenkrämpfe bekam. Wenn das Barometer fiel — und es fiel mehr als oft — dann war das wie ein Überfall, den es abzuwehren galt. Dann hatte niemand mehr Ruhe. Dann ging's hoch in die leere Luft. Dann waren die Rahen mit schlagenden, schreienden Menschen bepackt wie Zweige mit Käfern. Dann donnerte die gebauschte Leinwand, in die sich eben jene Menschen wütend und zäh verkrallten. Stundenlang, manchmal bis zum Morgengrauen. Dann war das Meer ein einziges grünes Leuchten, angefüllt von strahlenden Quallen in einer nie gesehenen Zahl und Größe. Es fegte längs Deck, voll spritzender Funken, rollte wie flüssiges Feuer über die Verschanzung herein und warf die gehetzten, hohläugigen Menschen wie Bälle vor sich her. Grün erstrahlte dann auch das Schiff, in einem gespenstischem Licht, vor dem sich die Gestalten klar und deutlich abzeichneten: der Steuermann, der eine Rah wegfierte, die Mannschaften, wie sie Geitaue und Gordinge durchholten. Bis ihnen der nächste Guß über den Köpfen zusammenschlug.
Die Tage sind kurz, und die Nächte wollen kein Ende

nehmen. Es ist tiefer Winter. Endlich graut der Morgen. Die schweren Schatten der Segel verblassen, die Striche der Masten lösen sich aus der Dunkelheit, sie werden plastisch und gewinnen mit all ihrem Takelwerk Gestalt. Haben wir Glück, schiebt sich der Oberrand der Sonne sichtbar über den Horizont. Den Himmel überfliegt eine Röte und legt sich auf die Segel. Ein neuer Tag ist da.

*

Den Achtergästen ging es nicht viel anders als uns auch. Zwar lagen ihre Unterkünfte im geschützten Hinterschiff. Aber auch in ihren Kammern war es kalt. Und es gab Momente, wo das Wasser auch im Durchgang nicht haltmachte und den Fußboden des Salons überschwemmte. Die Achtergäste wurden naß und froren wie wir. Wenn der Erste noch zwischen Tau und Tag nach vorne kam, um mit der verschlafenen Wache die über Nacht losegekommenen Brassen steifzusetzen, gab er sich unerschütterlich wie immer. »Auf, auf zum fröhlichen Jagen, Jungkerls, reißt mal am Tampen. Mit leerem Schiff kann auch meine Großmutter zur See fahren.« Ein sehniger Mann, um dessen hagere Glieder der Ölmantel schlotterte, mit einem Schlapphut an Stelle des Südwesters, der ihm davongeflogen war.

Der stoppelbärtige Zweite hatte versucht, seine Seestiefel zu trocknen und diese an eine Leine vor dem Kajüteneingang gebunden, an der schon andere Sachen von uns hingen. Er kam gerade noch zurecht, um einen vorm Speigatt aufzufischen, alles andere hatte sich die See gegriffen. Sollte er den anderen hinterherwerfen? Aber Not macht erfinderisch.

»Hör doch mal zu«, wandte er sich an mich, »ich habe noch ein Paar Stiefel mit niedrigen Schäften, sogenannte Knobelbecher. Kannst du mir nicht an den einen 'n hohen Segeltuchschaft rannähen und ihn teeren, dann hätte ich nämlich wieder 'n Seestiefel. Geht das wohl klar?«
»Das überlassen Sie man mir, Steuermann«, zerstreute ich seine Zweifel, »das kriegen wir wohl alles zurecht.«
Er bekam den schönsten Stiefel maßgerecht genäht und war hocherfreut. Nur hatte der neue Seestiefel eine dicke Holzsohle, und so hörte man den unruhigen Zweiten zu den unmöglichsten Zeiten wie einen holzbeinigen Veteran längs Deck poltern. Der Meister, als gemütlicher Sachse, knüpfte eine lustige Geschichte daran. Sie handelte von einem Mädchen, das er einmal von einem Tanzvergnügen nach Hause begleitete. Das Mädchen sei ebenso hart aufgetreten wie der Zweite, wobei es überdies bei jedem Schritt auch noch klingelte. Als er es schließlich neugierig nach der Ursache fragte, habe das Mädchen wortlos den Saum seines Rockes gelüftet und dem entsetzten Meister ein künstliches Bein gewiesen, an dem der klingelnde Hausschlüssel hing. Das gewaltige Gelächter, das diese Klein-Erna-Geschichte belohnte, hob die Stimmung für eine ganze Weile.
Der Dritte Steuermann ging wieder wie in den ersten Tagen der Ausreise die Wache mit dem Ersten zusammen. Er sah schon normalerweise immer verschnupft aus. Jetzt hatte er wirklich einen Stockschnupfen und lief mit tränenden Augen umher.
Um diese Zeit wurde der Kochsmaat krank, lag in der Koje und krümmte sich vor Schmerzen. »Gelenkrheumatismus«, stellte der Doktor fest und verordnete Bettruhe. »Ein Wunder, daß uns nicht mehr Leute ausfallen.«

Wer aber sollte den Kochsmaaten vertreten? »Das kann Brustat machen, der hat schon mal in einer Kombüse gefahren«, entschied der Erste, und unserm Samuel Gravy war es recht. »Ich d-d-denke, wir werden uns schon v-v-vertragen«, lächelte er breit.
Aber gewiß doch, dem Koch zur Hand gehen, im Warmen sitzen und nur gelegentlich durch die stets offene obere Hälfte der Kombüsentür auf das große Wasser blicken, das war nicht schlecht. An der Quelle saß der Knabe. Ein Extrahappen würde immer abfallen, dachte ich, neulich erst hatte er die schwarze Sau geschlachtet. Dazu einige Nächte ausschlafen zu können, ei, das war schon nach meiner Mütze. »Da siehst du's«, grinste Hans-Günther, »den Seinen gibt's der Herr im Schlaf.«
Alles ließ sich gut an. Kaffee und Tee aufzubrühen war kein Problem. Hülsenfrüchte zu kochen auch nicht sonderlich. Nudeln mit Speck zu machen, ist eine Kleinigkeit. Immer rein in den großen Topf; wenn es nicht langt, ist die Pumpe schließlich in greifbarer Nähe. Dann gaben wir Cracker-Hash, ein englisches Segelschiffsgericht. Hartbrot wird in einem Beutel feingeklopft. Salzfleisch durch den Wolf gedreht; Fett kommt hinzu und Marmelade, und das ganze Gemisch wird in der Röhre gebacken. Wie das schmeckte! — War's doch mal was anderes.
Donnerstags wollte der Koch Pfannkuchen zum Abendbrot geben. Nun sind Pfannkuchen an Bord keine Pfannkuchen an Land. Man kann auch Flinsen dazu sagen oder feines Omelett. Pfannkuchen für rund vierzig Mann, pro Kopf drei Stück, das ist schon eine Heidenarbeit. Der Koch hantierte mit mehreren großen Pfannen. War die eine Seite schön braun, rumgeworfen auf

die andere. Das Feuer prasselte, das Fett zischte. Dem Koch lief der Schweiß von der Stirne, mir auch. Ich hatte die Pfannkuchen mit Marmelade zu bestreichen, sie einzurollen und in der warmen Röhre bis zum Abendbrot fortzulegen. Regelrechte Omelett Konfitüre würde es zum Abendbrot geben. Donnerstag ist Seemannssonntag.

Der Koch pustete. »Mir ist nicht ganz gut«, bemerkte er, »ich lege mich'n Augenblick hin. Die letzten zwanzig, dreißig Stück kannste wohl alleine machen.«

»Natürlich, leg dich man ruhig hin«, ermunterte ich ihn; denn die Marmelade hatte es mir angetan. Aber wie das so ist, ich mußte mich ihr wohl zu eingehend gewidmet haben. Als es nämlich zum Abendbrot ging, war der Rest der Pfannkuchen reichlich trocken und verkohlt ausgefallen, gelinde gesagt. Der Marmeladeeimer hatte nicht gereicht. »Was ist das?« hatte der Speckschneider protestiert, so sehr ich ihn auch bat, »der Eimer ist schon leer? Du bist wohl verrückt, mehr gibt's auf keinen Fall, das wird zu teuer. Sieh zu, wie du fertig wirst.«

Ich wurde jedoch nicht damit fertig. Ein Wutgeheul von den Benachteiligten war die Antwort. Es gab einen kleinen Aufstand, infolgedessen ich aus der Kombüse wieder herausflog. »Tut mir leid«, sagte Samuel achselzukkend, »ich will mir deinetwegen nicht noch mehr Läuse in den Pelz setzen.« Glücklicherweise wurde der Kochsmaat schnell wieder dienstfähig. Der Schornsteinfeger war dem starken Koch doch noch der Liebste, wenn er ihn auch schon mal verhauen hatte — oder vielleicht gerade deswegen.

Für mich hieß es also wieder: raus an Deck und ein bißchen pronto. Dort schneite es, ein Wal blies, und die

Albatrosse folgten im Kielwasser. Hatte sich das Meer zwischen zwei Sturmtiefs wieder einigermaßen beruhigt, ging es gleich an jene Arbeit, von der es im populären ›Rolling home‹ so treffend heißt:

O Magellon, du alter Kasten,
stets sollst mir im Gedächtnis sein.
In Schnee und Eis schrubbt Jan Maat Masten —

Wir schrubbten nun nicht gerade Masten, dafür aber sämtliches Teakholz an Bord: die Nagelbank, die Reling achtern, alle Türen, das Kartenhaus und den Ruderkasten und was noch alles an Teakholz vorhanden war. Kalte Finger, du meine Güte — wer mitten im Winter einen triefenden Segeltuchfetzen in Sand steckt und damit auf nassem Holz herumfährt, stundenlang, der kann ein Lied von kalten Fingern singen. Wer dazu noch auf den Knien liegt und die Decksplanken mit Sand und Soda schrubbt . . .

»O Holz, o Holz, du Mörder meiner Jugend«, deklamierte Spieß.

»Laß den Unsinn«, fuhr Hannes dazwischen, »gerade dieses feuchte Wetter ist am besten geeignet, das Holz zu bearbeiten. Da trocknet es dir nicht gleich unter den Händen wie in den Tropen. Jetzt wird es gründlich ausgelaugt und später, wenn es wärmer wird, aufs neue gelackt.« Nun wußten wir es.

Wenn es nur nicht ganz so kalt gewesen wäre. Dazu ein Schneetreiben, das alles verschleiert, Sonne, Albatrosse und Wale. Nachts, wenn es sich nur irgendwie machen ließ, verzogen sich die törnfreien Leute in die Kombüse. In der Regel hatte sie der in seinen Träumen leise stöhnende Koch verschlossen, aber ich revanchierte mich für den Hinauswurf, indem ich uns durch das Oberlicht im Dach Einlaß verschaffte. Dann wurde das Feuer angefacht. Auf einer Leine überm Herd hing trocknendes, dampfendes Zeug, aus dem die Tropfen sickerten. Der Teekessel brodelte. Auf der Bank und auf den niedrigen Spindchen saßen wir, halblaute und merkwürdige Gespräche führend, wie sie die jeweilige Situation ergab. Während manch anderer mit offenem Munde schlief und der aus dem Herd fallende Schein der flakkernden Flamme die Gesichter auf eine unheimliche Weise erhellte. Während selbstgedrehte Zigaretten im Hintergrund glühten und draußen das Meer, dunkel und voll verhaltenem Groll, gegen die Bordwand rauschte ...

*

Auf dieser Strecke gab es kein Kreuzen wegen ungünstiger Winde und keinen Aufenthalt durch Flauten. Unablässiger Westwind schob uns vor sich her: zwei, drei, fünf Wochen. Kap Horn rückte immer näher. Ein zumeist verhangener Himmel begleitete uns, in dessen Wolkenlücken die Achtergäste mit ihren Sextanten die Gestirne aufstöberten wie die Jäger das Wild. Wo stand das Schiff in dieser Weite, wie mußte es weitersteuern? Hatten Wind und Wetter es versetzt, war es vorausgeschossen oder zurückgeblieben? War es nördlich oder südlich von der eigentlichen Kurslinie abgewichen? »Haltet den Ausguck gut besetzt, auf daß nicht in der nächsten finsteren Nacht, wie aus der Tiefe geschossen, eine verlorene Küste vor dem Bug erscheint, die man erst dann bemerkt, wenn man draufsitzt.«
Die Kühle schlug den Atem nieder. Eine hohe, kabbelige

Dünung lief im Grenzgebiet zweier Weltmeere, des Pazifik und des Atlantik.
»Morgen früh sollten wir Diego Ramirez haben«, sagte der Alte beiläufig zum Rudersmann, »kannst das vorne weitererzählen.«
Diego Ramirez, hört, hört! Ein Inselchen bei Kap Horn, nach seinem Entdecker benannt. Ein Stein im Wege, wenn man von Westen kommt. Wer aber kommt schon von Westen. Die Segelschiffe starben aus, die Dampfer nehmen ihren Weg durch die Magellan-Straße. Allenfalls verirrte sich noch ein Walfänger von Süd-Georgien einmal hierher. Kein anderes Schiff auf gleichem Kurs, das einem das Gefühl der Verlassenheit nähme. Die Stunden der Nacht schlichen dahin.
»Hier hast du einen Kieker, setz dich auf die Fockrah und paß gut auf, ob was in Sicht kommt.« Mit diesen Worten schickte der Erste in aller Herrgottsfrühe den langen Hein nach oben. Hein nahm das wertvolle Doppelglas wie ein Kleinod und enterte auf. Hein schaute.
Der Morgen graute, die Nachtschatten flohen, und ein neuer Tag kroch zaghaft über das weite, leere Meer. Der Horizont trat deutlich hervor, die segelbeladenen Masten zeichneten sich ab. Unten versammelten sich Leute der Wache und sahen zu Hein empor. »Na, was ist?«
»Voraus noch nichts in Sicht«, meldete Hein. Die Glokken schlugen. Sechs Glas, sieben Uhr. Noch nichts zu sehen von Diego Ramirez, verdammter Mist. Die Achtergäste steckten die Köpfe zusammen, hatten sie die Rechnung ohne den Wirt gemacht? Die Spannung wurde schier unerträglich. Alles wartete auf den erlösenden Ruf, aber Hein sagte noch immer nichts.

»Da — was war das?« — »Wo denn — wo?« — »Da, vier Strich an Backbord, ist das nicht —?« Linker Hand schälten sich zwei kahle, trotzige Gipfelchen heraus und traten ins Frühlicht. Eine Insel, ein Inselchen, eher noch ein Felsbrocken, über den die Brandung des Ozeans fast hinwegschlägt. So blank und leer erscheint er, als wäre er eben erst und nicht schon seit Urzeiten aus dem Meeresboden herausgewachsen.

»Diego Ramirez«, rief der Erste und nochmal triumphierend, »Diego Ramirez!«

»Diego Ramirez«, wiederholte der Alte, nur etwas gelassener. Ein befreiendes Lachen stieg auf, und man glaubte förmlich zu hören, wie ihnen dieser Stein vom Herzen fiel. Das Lachen aber galt nicht zuletzt unserm Hein, der noch immer nichts merkte und sich so in seine Aufgabe verbissen hatte, daß er nach links und rechts keinen Blick verschwendete. Nur immer voraus geschaut. Endlich, als der Felsen nun am segelnden Schiff dicht vorüberzog, kam er zu sich, kletterte beschämt herab und mußte den gutmütigen Spott der Kameraden über sich ergehen lassen.

Am Nachmittag durchbrachen den Horizont im Norden die Umrisse einer neuen Küste: Feuerland, der südlichste Zipfel der Neuen Welt Amerika. Feuerland, ein schier magisches Wort.

Es ist so zauberhaft, daß es uns alle an Deck zog. Einundvierzig Tage waren wir schon wieder unterwegs, homeward-bound. Fast andächtig sahen wir hinüber.

»Dort drüben, die beiden Kegel, das ist die Horn«, belehrte uns der Zweite, »es ist eine Insel. Daneben liegt das falsche Kap Horn; zwischen beiden besteht eine verhängnisvolle Ähnlichkeit. So mancher brave Wind-

jammer hat dort sein Grab gefunden. Seht nur gut hin.«
Aber so angestrengt wir auch guckten, es war enttäuschend wenig zu erkennen. Nur das Gefühl der Genugtuung blieb im Herzen und wird mitgenommen. Wir hatten die Horn gesehen ...

Aber da stimmte doch was nicht. Das legendäre und berüchtigte Kap der Stürme lag so friedlich da, als könne es kein Wässerchen trüben. Wo waren seine Orkane, seine himmelhohen Brecher? Nichts von alledem. Es wurde seit langem wieder einmal schön und sonnig. ›Greif‹ stampfte leicht. An Bord alles wohl, Ruhe ringsum. Wenn die Schot eines Segels killte und einruckte, wenn eine Tür ins Schloß fiel, hörte man es von vorne bis achtern. Das Orchester der Stürme schwieg und machte Pause. Es war ungefähr so wie bei Mendelssohn-Bartholdy: Meerestille und Glückliche Heimfahrt ...

*

Ein paar Stunden später ist das alles ganz anders. Wie ein Wegelagerer, der hinter der Ecke gewartet hat, springt uns der Sturm an, fauchend vor Wut. ›Greif‹ legt sich so weit nach Steuerbord über, daß die Leereling ins Wasser taucht und man mit der Hand wieder in den Ozean langen kann. Der Kampf um Kap Horn hat begonnen.

Raus aus der Koje, das letzte bißchen Schlaf schlägt uns die See aus den Augen, und hinauf in die Finsternis. Dort knallt und kracht es und fliegt in Fetzen davon. Eine Hand für dich und eine für das Schiff, und mit beiden Fäusten hineingehauen in das Tuch, das sich aufbäumt und dich hintenüber zu werfen droht. Stemm die Beine in das Fußpferd und wirf dich nach vorne, wenn es für eine Sekunde nachgibt. Und umklammere die Rah und würge das Segel, und erhasche den Zeising, den dir dein Nebenmann zureicht. Du kannst ihn vor Finsternis nicht erkennen, nur ahnen. Selbst eure Rufe, mit denen ihr euch gegenseitig anfeuert, fliegen davon. Und arbeite auch mit deinem anderen Nebenmann Hand in Hand, so lange, bis ihr das Segel erdrosselt und auf die Rah geschnürt habt, auf die ihr dann noch zornig mit den Fäusten schlagt. Vor allem gebt auf die Enden der Rah acht, wo einer von euch ganz draußen sitzt, fast schon in der leeren Luft. Rittlings sitzt er auf der Rah, hat sie mit beiden Beinen umklammert wie ein Reiter. Und hat sich dort festgeklemmt und ringt mit dem Zipfel des Segels. Wenn er den nicht in seine Gewalt bekommt, hakt der Sturm dort ein und, hast du nicht gesehen, ist alles wieder lose und vergeblich. Und dabei bockt das Schiff und droht, euch alle miteinander abzuschütteln, -zig Meter über Wasser. Der da draußen, der ist am schlechtesten dran, dort ist es am gefährlichsten. Wie das denn so geht, ist es Hein, der ganz draußen die Nock mit seinen langen Beinen umklammert und sein Bestes gibt. Hein, über den sie heute morgen noch so gelacht haben. Daneben bin ich, und neben mir liegt ein Leichtmatrose der anderen Wache. Los Jungs, und wenn wir das alles auch schon kennen und oft genug erlebt haben, an Kap Horn werden wir noch denken . . .

Alles Erdenkliche nahmen wir fort. Warum, zum Teufel mußte dergleichen vorwiegend nachts geschehen? Bei den oberen Lappen, da war nicht mehr viel zu machen gewesen, von denen standen plötzlich nur noch Reste. Aber je weiter es nach unten ging, desto größer und schwerer wurde es. Dann erst das Großsegel und die

Fock. Sogar die Fock, die im allgemeinen noch stehenblieb, weil sie so mächtig zog. Diesmal aber drückte sie leider auch das Schiff nach unten und mit der Nase in die See. Also, das war Schwerstarbeit gewesen! Stunde um Stunde. Schließlich lag das Schiff vor den drei Untermarssegeln beigedreht. Auf einem Fleck stehend, stampfte es wuchtig in die schräg von vorne heranrollenden Seen, die Tangbüschel mit sich führten und an die Backbordseite klatschten. Wie Fontänen schlug die Gischt hoch und fetzte über Deck und Aufbauten.

Der Nordwester raste. ›Greif‹ neigte und verneigte sich. Jedesmal wenn er sich aufrichtete, jaulte der Wind im Crescendo ganze Oktaven höher und schmiß das Schiff aufs neue zur Seite. In Lee stand alles unter Wasser. Nur gut, daß wir die Luken sorgfältig abgedichtet hatten und der Zimmermann obendrein noch Werg in die Fugen trieb. So konnte dort wenigstens nichts eindringen. Das Schiffsinnere bildete immerhin eine Art Luftblase, worauf der Windjammer noch schwamm, wenn auch das Logis regelrecht absoff. Um die Vertikale auszugleichen, schoben Seeleute in Ölzeug schräg über das schiefliegende Deck. Sie fühlten sich naß bis unter die Haut und sprachen tausend Worte Seemannsdeutsch. Wieder floß es uns zum Kragen hinein und zu den Seestiefeln hinunter.

Feuerland, Kap Horn — ein flüchtiger Eindruck nur, der sich in Nichts aufgelöst hatte. Das Schiff trieb nach Südosten ab, der Antarktis entgegen. Ein Stückchen Treibholz im Spiel von Wellen und Wind, auf Kursen, die im Nichts enden . . .

Das Gesicht des abgelösten Rudergängers war nachdenklich. »Es steht nicht gut, das Barometer ist auf 729

Millimeter gefallen. Der Alte sagt, das Zentrum einer Zyklone wird unsern Weg kreuzen.«
Nicht lange darauf wurden die Böen seltener und auffallend schwächer, das Gejaule ließ nach. Der Wind flaute ab, kein Zweifel.
»Laßt euch nicht täuschen«, warnte der Zweite, »das Innere eines Orkans ist ein Trichter, in den es von allen Seiten hineinweht. Er kann fünfzig Kilometer oder auch nur fünf Kilometer Durchmesser haben. Je kleiner, um so steiler und gefährlicher ist er auch, und wenn das ruhige Zentrum über dich hinwegzieht, mußt du aufpassen wie ein Luchs. Auf der anderen Seite kommt der Wind vielleicht genau von vorne — und das wieder mit orkanartiger Wucht.«
»Was wäre dann?« fragte lütten Sprengel vorwitzig.
»Du bist jetzt lange genug Seemann, um dir das auszumalen, du Dorfdepp«, entgegnet der Zweite ärgerlich, »dann Gut Nacht, Marie. Hast du noch nie von entmasteten Schiffen gehört?«
»Doch, natürlich«, gab Sprengel kleinlaut zu.
»Na also.«
Der Wind flaute immer mehr ab und ließ eine hohe Kap-Horn-See zurück, die von allen Seiten angerannt kam. Das große Segelschiff, des stützenden Druckes ledig, warf sich ruckweise und wie betrunken hin und her. Der Neigungsmesser schlug bis zu vierzig Grad aus. Leute der Freiwache fielen aus den Kojen und wollten wissen, was los sei. Die Wolkendecke riß auf, und ein Stückchen blauen Himmels kam zum Vorschein. »Das Auge des Orkans!« rief der Kapitän und starrte wie gebannt nach oben, »das Zentrum, da ist es!« Der blaue Fleck stand genau über unsern Köpfen.

Der Wind war jetzt ganz eingeschlafen, die Schaumkronen waren alle verschwunden, die Geräusche erstorben. Nur die kabbelige Kreuzsee lief hoch und wild durcheinander. Das Schiff arbeitete unberechenbar und unerträglich. Die zwei, drei Segel klatschten naß, leer und schwer gegen die Masten, die so einruckten, daß es körperlich wehtat. Die Helle im Zenith war so groß wie ein Taler. Sie ging in einen bewölkten Himmel über, der ringsumher tiefer und tiefer nachdunkelte. Dort saß der Wind! Nur unter dem leuchtenden Auge war es still, eine für uns völlig neue und verblüffende Erfahrung.

Die Achtergäste schnupperten in die Luft. Nach einer Weile kam der Zweite heruntergepoltert. »Klar bei Kreuzbrassen!« rief er, »wir wenden, stellt euch nicht so an, dalli, dalli!« und begann schon zu fieren. Da sprangen wir beherzt hinzu, die mußten es ja wissen. Ich verspürte einen feinen Luftzug an der Wange. Die Untermarssegel füllten sich schwach, das Kielwasser beschrieb einen großen Bogen, und das Schiff trieb mehr, als daß es segelte, auf den anderen Bug. ›Greif‹ halste.

Der Luftzug verstärkte sich von Minute zu Minute. Der dunkle Horizont wurde immer enger und kam jaulend und rasend schnell auf uns zu, Gischt und Wasserstaub vor sich herjagend. Das lichtblaue Auge war nicht mehr zu sehen, die Wolkendecke hatte sich geschlossen.

»Da kommt er, da kommt er — der Knallpuster!« schrie der Zweite wie außer sich. Gerade zur rechten Zeit und aus dem richtigen Winkel hatten wir den umgesprungenen Wind abfangen können.

Und das war gut so; denn was jetzt den ›Greif‹ überfiel, waren Gewalten, die jeder Beschreibung spotteten. Schnee und Hagelböen fegten durch die Lüfte und schlugen in die Gesichter der Menschen. Sie trieben ihnen die Tränen in die Augen und überzogen das Schiff mit einer Eiskruste. Die Segel standen wie Silberbleche, das Schiff lag wieder hart über, mit der Leereling platt auf dem Wasser, und an Deck war kein Halten mehr vor Schräge und Glätte. Blau und zähneklappernd kauerten beide Wachen im Windschutz der wenigen Aufbauten. Als die See aufstand und das Großdeck wieder in einen Hexenkessel verwandelte, rief uns ein Kommando aufs Achterdeck. Aber dort waren wir dem Winde noch mehr ausgesetzt, und die barbarische Kälte stach durch alle Nähte wie mit Nadeln auf die bloße Haut.

Der Blick des Kapitäns wanderte immer wieder nach oben, wo es wie Zuckerguß aussah. In seinem Gesicht konnte man deutlich lesen, daß auch die letzten Segel wegmußten, damit sich das Schiff etwas aufrichtete.

»Kann die Ladung nicht verrutschen?«

Seppel von der anderen Wache hatte es geflüstert. Was heißt geflüstert, gebrüllt hatte er, nur wurden seine Worte vom Sturm erstickt. Statt einer Antwort schüttelte Hannes wütend den Kopf und tippte sich vor die Stirn. Bist du verrückt, hieß das, die Ladung liegt in Säcken aufgeschichtet vom Kiel bis unter Deck. Die hat überhaupt keinen Spielraum mehr zum Verrutschen, die liegt fest eingezwängt. Aber die Masten können koppheister gehen, abbrechen und das Schiff leckschlagen. Dann hast du erst was!

Runter mit den Segeln, machte der Alte dem Zweiten durch Zeichen klar. Noch ehe der was veranlassen konnte, gab es im Kreuzmast einen scharfen Knall. Dann wieder das bekannte Donnern flatternden Segeltuches, in das sich harte, metallische Schläge mischten. Aller

Augen sahen es: Die Luvschot des Kreuzuntermarssegels, eine schwere eiseren Kette, war gebrochen und andere Halterungen dazu.
Die losgelassene Ecke des Segels schlägt auf und nieder, als schüttle eine Faust eine Riesendecke aus. Ein etwa sechs Meter langes Kettenende, das dranhängt, läuft aus seiner Rolle und schwingt wie eine Peitsche mit dem Segel durch die leere Luft. Jedesmal, wenn das Segel runterschlägt, schwingt das Kettenende hinterher und streift krachend die stählernen Rahen, daß aus dem Metall die Funken stieben. Das kann nicht lange gutgehen, und es geht auch nicht lange gut. Das Segel ist gleich in Fetzen, aber die Kette peitscht und kracht, und peitscht und kracht. Das gibt Stücke! Wo die hinhaut, wächst kein Gras mehr. Wen die trifft, der ist hin.
»Freiwillige vor!« Ein Schrei — und drei Mann entern wie die Katzen auf. Die Spannung greift uns ans Herz, wer ist es? Voran der Zweite wie ein entschlossener Bergführer, blitzschnell hinter ihm die Matrosen Sigi und Arthur von der anderen Wache. Der Sturm preßt sie gegen die schrägen Wanten, die gar nicht mehr so schräg sind, sondern eher flach, so weit liegen sie bei dem schrägen Schiff übergeneigt. Die Drei ziehen sich um die Saling, noch ein paar Schritte, schon sind sie in Höhe der Untermars, und nun legen sie aus. Du lieber Gott, geduckt, eng an die dicke Rah geschmiegt, so arbeiten sie sich Schritt für Schritt nach außen vor, gegen den Wind dazu. Jetzt sind sie ganz draußen an der Nock, an der gefährlichsten Stelle. Jedesmal wenn die Kette an ihnen vorbeipfeift und knallt, ziehen sie die Köpfe ein. Sie braucht einen nur zu treffen, und der Mann stürzt mit eingeschlagenem Schädel in die kochende

See. Während aller Augen, vom Kapitän bis zum lütten Sprengel, an ihnen hängen, gehen sie kaltblütig zu Werk.

Und sie schaffen es, doch, wahrhaftig sie schaffen es, aber wie sie es anstellen! Aus fast offener Deckung, der Gefahr schutzlos preisgegeben, beobachten sie die schwingende Kette, geschickt die Pausen zwischen den schmetternden Schlägen kalkulierend, und dann — in einem Augenblick des Erschlaffens packen sie blitzschnell zu.

Sie werfen eine Schlinge um das lose Ende, nehmen Törn und setzen es schlagartig an der Rah fest, ehe es wieder hochschnellt. Ruck, ruck, ob das wohl hält? Es hält, tatsächlich, es hält. Und im Nu sind die andern oben, fallen über die Fetzen her, und der Rest ist Routine. Und nun bloß keinen Beifall, den Dreien ist nachher ein großer Schnaps vom Alten viel lieber. Nehmt alles Tuch runter und laßt das Schiff meinetwegen vor Topp und Takel treiben.

»Vor- und Großuntermars-Seil dol!« Wir kamen auch rauf, trotz des überfluteten Großdecks, trotz des Eises und der Glätte und der steifen Finger kamen wir irgendwie rauf, zwanzig Mann hoch, und nahmen noch den letzten Quadratmeter fort. Wer aber oben ist, kann nicht umhin, unwillkürlich an Deck zu schauen. Und plötzlich sehen wir, wie die See die Kombüsentür einschlägt und zersplittert. Das faustdicke Holz geht in Stücke, die obere und untere Hälfte fallen auseinander und der ganze Schwall ergießt sich ins Innere. Mit einem Ruck wird von da das Oberlicht aufgestoßen, die athletische Gestalt des Kochs zwängt sich mühsam und triefendnaß aufs Dach und schreit und schreit: »Wir saufen ab, wir saufen ab!«

Und schreit noch immer, während die See Pötte und Pannen aus der Kombüse herausspült und in einer Wolke von Wasserdampf den Herd auslöscht. Und wie einem in unerwarteten Situationen oftmals sonderbare Ideenverbindungen kommen, ertappe ich mich dabei, daß ich denke: Siehst du, Samuel Gravy, das hast du für die Marmelade . . .
Schon der nächste Augenblick läßt uns vor Schreck fast den Halt verlieren. Die See treibt Lukendeckel vor sich her und reißt sie über Bord. »Die Luken sind eingeschlagen. Wir sind hin, wir saufen wirklich ab!«

*

Wir soffen nicht ab. Es war nur der kleine Deckel von der Vorpiek gewesen, von ganz vorne, wo in zwei Decks untereinander Kohlen, Tauwerk und Gerümpel lagen. Der Himmel meinte es noch einmal gut. Der Sturm, der uns von Staten Island vor Topp und Takel weit nach Süden vertrieben hatte, flaute endlich ab. Wir fühlten uns zerschlagen und verlassen.
Am Ende der Welt erlebt der Mensch die schier kosmische Verlorenheit, in der sich die alten Segler bewegten und wie sie die kommenden Weltraumfahrer beschleichen mag. Es ist das Feld der Kurse, die im Nichts enden! Man glaubte, das Licht eines anderen Schiffes zu erblicken, und es war doch nur ein Stern, der unter den Horizont sank und verschwand. Man sichtete ein fernes Feuer, das sich als der aufgehende Mond herausstellte. Die Luft war glasklar, und zwischen Wolkenlücken funkelten Sirius und Antares. Über dem nächtlichen Ozean lag eine fast biblische Stimmung: Am Anfang schuf Gott Himmel und Erde, und es war finster auf der Tiefe, und

der Geist Gottes schwebte auf dem Wasser. Das Gefühl der Einsamkeit wurde übermächtig.
Da — ein Schnaufen und Plantschen, unmittelbar neben uns. Die Stille der Nacht zerriß, und der Bann war auf einmal gebrochen: Wale! So nahe an der Bordwand des langsam segelnden Schiffes, als wollten sie es freundlich berühren. Schäumend rann das Wasser von ihren runden Rücken, sie grüßten mit großen Flossen, ehe sie kopfüber wieder untertauchten. Man freute sich, man war nicht mehr allein. Tröstlich zu wissen, daß Gott eine warmblütige Kreatur aus der Urzeit leben ließ, die die Einsamkeit mit uns teilt.
Lange Zeit später, es war in Monaco, traf ich einmal eine amerikanische Segeljacht, die ziemlich mitgenommen aussah. Der kleine Zweimaster hieß ›Wings of the Morning Glory‹ und hatte den Atlantik überquert und noch mehr. Wings of the Morning Glory — sinngemäß heißt das: Flügel der Morgenröte. Der Ausdruck stammt aus dem 139. Psalm, 9. 10: Nähme ich Flügel der Morgenröte und bliebe am äußersten Meer, so würde mich doch Deine Hand daselbst führen und Deine Rechte mich leiten . . .
Treffender läßt es sich nicht ausdrücken, als in diesem einmaligen Schiffsnamen voll Poesie, Weltweite und gläubigem Vertrauen. Die Flügel der Morgenröte aber waren die Segel. Wie Flügel standen sie gegen den Himmel, und die Morgenröte lag auf ihnen, wenn sich der neue Tag über das Meer tastete. Flügel der Morgenröte unseres jungen Lebens hatten uns an das äußerste Meer geführt, wo Seine Rechte uns hielt.

Rost und Grünspan – Die Auktion der Ertrunkenen – Falmouth for Order! – Jugendträume – An einem Sonntag war der Ozean zu Ende – Ein Glas Bier in Limerick

Vollschiff ›Greif‹ hatte das äußerste Meer und das Ende der Welt hinter sich gelassen und steuerte mit nördlichen Kursen wärmeren Breiten entgegen. Vorüber war die Sturmperiode, vorbei die rollenden Hügel, das Geheule der Lüfte, Nässe und Kälte. Die Schlacht war zu Ende, wir hatten sie überstanden, und was jetzt noch kam, die Heimreise durch den Atlantik, konnte vergleichsweise nicht so schwer sein. Sonnenschein und Wärme senkten sich auf den alten Windjammer, der aus einem Alptraum erwachte.

An Bord sah es schlimm aus. Dem Wasser war der Rost gefolgt. Wie Schimmel lag er auf dem Eisen. Über die verbeulte Verschanzung hinweg fraß er sich in Aufbauten und Masten. Vom Außenschiff ganz zu schweigen. Aus den verwaschenen Decksnähten quoll wieder Werg. Die Farbe war verblichen, alles Messing vor Grünspan mit Blindheit geschlagen. Das ausgereckte Tauwerk lief durch Blöcke, die allesamt quietschten.

Der Segelmacher saß bei den letzten Ballen Leinwand und schneiderte Ersatz für die ausgelaugten Lappen, die sich jetzt im Winde blähten. »Kein großer Staat mehr mit zu machen«, brummte der Kapitän stirnrunzelnd. Der Seilmoker nickte. »Das sind die Passatsegel für die nächste Reise.«

»Komm man wieder zu mir«, bat mich der Zimmermann, »wir kriegen allerhand zu tun. Neue Kombüsentür, Spunte ins Deck setzen, die Teakholzreling achtern flicken, die Nagelbänke, na und so weiter.« Und damit schwang er das Zimmermannsbeil, den Deeßel, daß die Späne flogen. Die Feldschmiede qualmte wieder den ganzen Tag: der Meister richtete die verbogenen Bootsgalgen.

Durch die weit offenen Türen und Bullaugen strich die warme Brise und nahm die letzte Feuchtigkeit und den muffigen Geruch mit sich.

»Mir ham' se meine joldene Uhr jeklaut«, rief Spieß und schleppte seine Habseligkeiten ins Freie zum Trocknen. Wir räumten unter unsern armseligen Effekten auf. Das Kojenzeug hing auf der Leine, die Luken waren mit trocknenden Gegenständen aller Art übersät: verschimmelte grüne Seestiefel, aufgequollene Bücher, zerrissene Strümpfe, verrostete Messer, verspaktes und verrottetes Zeugs. Vieles wurde ausgemustert und flog gleich in hohem Bogen außenbords. In die große Seekiste, wie wir es scherzend nannten. Der Meister trat herzu und krakeelte: »Fietje, Fietje, warum gehst du nach Stettin, hast ja keine Stiebeln anzuziehn.« Das traf den Nagel auf den Kopf. Nur die Harmonika hatte es wie durch ein Wunder nicht erwischt. Wie aus dem Winterschlaf erwacht, tauchte sie eines Tages auf und sang bald wieder über dem nächtlichen Meer.

Nach tausend Jahren ist es schön und herrlich
auf der Welt,
dann lassen wir die Arbeit sein
und machen nur noch Geld.

Und will dann was der Steuermann,
so lüftet er den Hut:
Ach, liebster Herr Matrose, sei er doch mal so gut.
Ist das nicht herrlich, ist das nicht schön?
Nur schade, nur schade, daß wir es nicht mehr sehn.

Nach den vergangenen Monaten war es so recht ein Gesang nach unserm Herzen. Wenn auch der schmunzelnde Steuermann nicht gerade den Hut lüftete. Nur zu gern schickte er uns von neuem an die Arbeit, das ramponierte Aussehen des Schiffes zu beseitigen. Es roch nach geschmolzenem Pech, nach Leinöl, Firnis und Terpentin. Oben hantierten die Toppsgäste mit ihren Gehilfen, an der Hüfte Marlspieker und Fettpott. Hier wurde gespleißt, dort geschäkelt, dort neues Tauwerk eingeschoren. Die Glocken klangen: Los, los — ja doch, und die Wachen wechselten. An Bord alles wohl. Der Doktor hatte nichts zu tun und unterhielt sich leutselig mit dem Steward, der wieder die Läufer an Deck schrubbte und sonntags eine weiße Jacke überwarf. Der Patient der Ausreise, der kleine Adolph, hatte sich zu einem fixen Kerl ausgewachsen.

Meile um Meile trug uns der Windjammer nordwärts, Europa entgegen. Die böse Zeit wurde Erinnerung und blieb im Kielwasser zurück. Es war wieder der ruhige Ozean mit einem leicht pendelnden Horizont, und im Mittelpunkt darin unsere schwimmende kleine Welt. Über ihr drei vollgetakelte Masten und zweiundzwanzig Segel. Lediglich die kleinen Narben blieben.

Der Zimmermann sang und philosophierte. »Für einen Fremden ist das Gesicht des Meeres schwer zu lesen«, bemerkte er einmal beinahe beiläufig, »es wechselt in seinen Stimmungen und Begleiterscheinungen. Es wechseln Wolken, Winde, und wer drauf achtet, sieht auch den Wechsel der Tiere.

»Hast du übrigens schon bemerkt«, setzte er hinzu, »daß die Wale weniger werden?«

Ich hatte es bemerkt, und nicht nur ich. Ja, die Wale wurden seltener. Sie bliesen nicht mehr so häufig und wenn, dann waren sie weit entfernt. Nie wieder kamen sie dem Schiff so nahe, daß man sie zu berühren vermeinte.

Der letzte Albatros verließ uns. Er war uns über Tausende von Seemeilen hinweg gefolgt, ein anhänglicher Begleiter. Dann, von heute auf morgen, war er fort und kam nicht wieder. Als hätte er sich in sein ureigenstes Element, in Luft, aufgelöst. Eine Feder im Kosmos, ein Kind des Windes, Spielgefährte von Äolus und Okeanos . . .

»Ha, habe ich nicht recht behalten?« verkündete Hannes selbstzufrieden, »der Albatros kommt nicht über den Wendekreis des Steinbocks hinweg. Seine Heimat sind die südlichen Weltmeere. Fangt einen und bringt ihn lebendig nach Europa, die Belohnung ist noch ausgeschrieben.« Er unterstrich das Gesagte mit einladender Handbewegung.

Es scheint, Hannes hat wie immer recht behalten. Noch heute gibt es weder in Europa noch auf der nördlichen Erdhälfte überhaupt, ein Exemplar dieses Sturmvogels. Wer ihn einmal in Freiheit gesehen hat, vergißt ihn nie. Er hinterläßt einen unauslöschlichen Eindruck, der sich mit der Erinnerung an die großen Windjammer untrennbar verknüpft. Später, wenn der fortgeschrittene Seemann sich von all diesen Dingen abgewendet hat und auf modernen Dampfern und Motorschiffen an ihnen vorüberjagt, denkt er mit leisem Schmerz an sie zurück. Sein Herz hängt an ihnen mit der Sehnsucht nach dem Jugendland seiner Seefahrt, das dann vergangen ist. Auch die Begegnung mit einem Walfisch verläuft heutzutage weniger friedlich. Wale haben keine Ahnung von der Seestraßenordnung und wissen nicht, wer ausweichpflichtig ist. Was sich vom Deck eines Segelschiffes aus noch wie ein freundlicher Riese der Urzeit ausnahm, ist auf dem Bildschirm nur ein Lichtpünktchen, über das man mit achtzehn Knoten Fahrt zur Tagesordnung übergeht . . .

*

Der Südostpassat blies. Er blies uns glattweg bis zum Äquator. Er blies uns noch ein paar Meilen darüber weg und am siebzigsten Tage der Heimreise an der St.-Paul-Insel vorbei, einem gottverlassenen Stückchen Felsen im Mittelatlantik zwischen Südamerika und Afrika. Als wir zu fragen begannen, winkte der Zweite ab. »Kein Dampfer kommt je in seine Nähe, allenfalls mal eine Expedition. Er liegt auf dem Treck der Segelschiffe, die hier ihren Standort und den Gang des Chronometers überprüfen können.«
Bald eine Woche Windstille, Mallungen und schreckliche Hitze. Das Meer war wie Blei, nachts wetterleuchtete es ringsum. Kopfschüttelnd besah sich der Wachhabende im Schatten des Sonnensegels immer wieder das Thermometer. Es zeigte um die vierzig Grad — im Schatten: die höchsten Temperaturen der ganzen Reise. Wir kamen nicht von der Stelle. Ein Hai beim Schiff, entweder ein satter oder ein ganz gerissener Bursche, der seitwärts nach der Angel schielte und sich davon-

machte. Wir fingen einige Bonitos und verbesserten damit die einförmige Verpflegung. Delphine eilten verspielt vorbei. Man sollte ihnen Salz auf den Schwanz streuen, meinte ein Spaßvogel. Ich war mehr für Musik und erzählte dem Zimmermann vom Sänger Arion aus der Sage: Griechische Seeleute warfen ihn über Bord, um ihn zu töten; indessen, von seinem Gesang angelockt, kamen Delphine und trugen ihn zum Festland.

»Du hast zwar einen dummen Bauch, aber ein schlaues Eingeweide«, meinte mein Zuhörer anerkennend, er hörte so was gern. Wenn er in absehbarer Zeit wieder jeden Morgen zur Werft trottete, würden ihm derartige Anlässe zu freundlichen Zwiegesprächen sicher fehlen. Es sollte seine letzte Reise auf einem Windjammer sein. Alle Handwerker, die Köche, der Steward und alle Matrosen wollten abmustern.

Ist man an St. Paul vorbei, richtet sich alles Denken und Trachten zwangsläufig auf das Ende der Reise und auf das Abmustern. Schon kräuselten sich über der Kimm die Rauchwolken der ersten Dampfer, deren Kurs wir schnitten. Der Zweite versuchte zu funken. Es gab einen Knall, der kleine Generator stotterte und puffte, aber es kam auf unsere wiederholten Anrufe keine Antwort. Das war sehr merkwürdig und verursachte viel Kopfzerbrechen, bis sich später die wahre Ursache herausstellte: in Australien hatte der Blitz in den Kreuzmast geschlagen und die Antenne kurzgeschlossen.

Die Zeugsäcke wurden hervorgekramt und geschrubbt, die Initialen des Besitzers wurden nachgezogen. Ein paar Seekisten bekamen einen neuen Anstrich, grün. Warum eigentlich immer grün, sinnierte jemand.

»Zur Erinnerung an das grüne Blatt, das die Taube dem

Noah in die Arche brachte, zum Zeichen, daß das Land nahe war«, sagte der Zimmermann. Er sagte es ganz ernst.

So ganz nahe war unser Land jedoch noch nicht. Der Nordostpassat, der jetzt die Segel füllte, hatte den ›Greif‹ ziemlich weit nach Westen gesetzt.

Klint brachte von achtern eine Neuigkeit mit. »Morgen nachmittag soll Auktion sein«, verkündete er mit leisem Zweifel in der Stimme, »ich kann es mir zwar nicht erklären, hab nur so was aufgeschnappt.«

»Was gibt's denn noch groß zu versteigern?« fragte dicken Korl gleichgültig. Aber Hannes, der offenbar mehr wußte, schnitt ihm das Wort ab. »Das werdet ihr schon sehen.«

Als wir es sahen, traf es uns doch wie ein Schlag. Denn was da auf der Luke um den Segelmacher ausgebreitet lag, waren einige uns seltsam bekannt vorkommende Seemannseffekten: ein blauer Troyer, ein Ölhemd, wie es Hochseefischer zu tragen pflegen, ein Putzkasten, ein wollener Pudel. Es war der spärliche Nachlaß von Ertrunkenen, die auf einmal wieder lebendig zwischen uns standen.

Und während unter der warmen Sonne die Tangbüschel der Sargasso-See an der Bordwand vorbeitrieben, zog noch einmal das Bild jenes schrecklichen Nachmittags zwischen Tasmanien und Neuseeland herauf. Jenes schrecklichen Nachmittags, als sich die See die beiden von Bord holte und am liebsten noch das ganze Schiff dazu genommen hätte. Und gleichzeitig der Gedanke an die ahnungslosen Eltern, die ihren Leichtmatrosensohn in Kürze zurückerwarteten, und an einen Säugling, der seinen Vater nun nie zu sehen kriegen würde.

Geblieben und verschollen im Ozean — Seemannslos! Das war auch der Grund, der die Preise hochschraubte. Stück für Stück hob der Segelmacher auf und schlug es dem Meistbietenden zu.

»Es handelt sich um Gegenstände, deren Erlös für die Hinterbliebenen bestimmt ist«, bemerkte der dritte Steuermann, der alles notierte, »alle Sachen von persönlichem Wert werden zurückbehalten und den Betreffenden als Nachlaß zugestellt.«

»Ein Hemd!« — »Eine Arbeitshose!« — »Eine Zahnbürste« — »Hundert Gramm Tabak!« — »Ein Federhalter!« — »Ein alter Mantel!«

Zum ersten, zum zweiten und zum dritten. Sprunghaft stiegen die Preise. Abgetragene Glacéhandschuhe wurden mit fünf Mark, eine zerrissene Hose mit vierzehn Mark bezahlt, wenn man auch den ganzen Plunder im nächsten Augenblick getrost wegwerfen konnte. Denn was sollte man beispielsweise mit einer gebrauchten Zahnbürste anfangen? Nichtsdestoweniger war das Interesse ungewöhnlich groß, konnte man doch auf diese Weise den Toten noch einmal Kameradschaft erweisen. So war es denn nicht weiter verwunderlich, daß die bescheidenen Stücke immerhin den Betrag von mehr als dreihundert Mark erbrachten. Und das zu einer Zeit, in der wir Schiffsjungen ganze elf Mark, und ein Vollmatrose noch keine hundert Mark monatlich verdienten.

»Das ist ja eine ausgesprochene Wohltätigkeitsveranstaltung«, staunte der lange Hein erfreut, »man gut, daß einem auf See das Gefühl für Geld ohnehin verlorengeht.«

Hannes musterte ihn mitleidig. »So haben wir uns das auch gedacht, gut daß du alles merkst.«

Beide mochten sich noch immer nicht. Es waren gegensätzliche Naturen, jeder ein prima Kerl auf seine Art, nur beide zusammen vertrugen sich nicht. Da konnte man nichts machen. Überdies waren wir schon wieder rund achtzig Tage unterwegs ... Wie auch immer, noch zwei, drei Wochen, und wir würden wieder im Hafen sein. Nach dreizehntausend Seemeilen: Falmouth for Order!

»Warum eigentlich immer dieses ›for order‹? Warum weiß man denn nie von vornherein, wo das Segelschiff mit dem Weizen schließlich abbleibt. Ist das denn so schwer zu übersehen?« Derartige Fragen legten wir dem Ersten vor. Schließlich waren wir ja ein Schulschiff, wenn auch nichts, aber auch gar nichts mehr im entferntesten an ein solches erinnerte.

»Das will ich euch gerne erklären«, kam die Antwort, »das hängt mit den kaufmännischen Gepflogenheiten zusammen. Da wird an der Börse eine Ladung australischer Weizen angeboten, gekauft und mit Gewinn weiterverkauft, wieder ausgeboten und wieder verkauft. Während der Windjammer am Ende der Welt Meile um Meile gutmacht, geht seine Ladung vielleicht durch ein halbes Dutzend Hände. Der jeweilige Eigentümer besitzt nur ihre Papiere und weiß im Grunde genommen noch nicht viel mehr von ihr als vom sprichwörtlichen Schloß im Mond. Warum soll er sich Kopfschmerzen machen? Solange sich der Weizen an Bord befindet, liegt er gut und billig. Er beansprucht keinen Speicherraum und kostet kein Lagergeld. Wo die Ladung schließlich einmal abbleibt, ergibt sich erst im Orderhafen, einem für heimkehrende Segelschiffe günstig gelegenen Platz. Bis dahin wissen Seemann und

Kaufmann wenig oder nichts voneinander. Erst beim Eintreffen im Orderhafen wird endgültig und verbindlich disponiert. Alles wickelt sich nun rasch ab, und die Beziehungen zwischen dem Segelschiff und seiner Ladung nehmen ein Ende.«

*

Wir sind jetzt bald vierzehn Monate an Bord und kennen jeden Winkel. Was bleibt von der langen Reise um die Welt noch groß zu erzählen? Alles ist schon einmal dagewesen, alles wiederholt sich. Wir kennen die Besatzung, wenn man auch nicht jeden einzelnen nennen kann. Es sind zwei Wachen, die nebeneinander herlaufen, und es sind nur wenige, die eine Rolle spielen: Beispielsweise der unübertreffliche Erste neben dem Kapitän, der rauhe Hannes und der lange Hein, der philosophierende Zimmermann und der gewichtige Koch, Spieß mit seinen Sprüchen und der Segelmacher mit dem ausgeschäkelten Bein, der schlanke Sigi und der stille Franz, der sächselnde Donkeymann und wer sie alle sein mögen.
Da ist Hans-Günther, der bedächtige Heino, lütten Sprengel, der kleine Adolph mit dem längst verheilten Blinddarm, Holzkopf, der gutaussehende Klint und dicken Korl. Und die Ertrunkenen, nicht zu vergessen. Von ihnen allen sind es, wie immer, nur einige wenige, die dem eigenen Herzen nahestehen.
Alle trieben sie dem Ende der Reise entgegen und erzählten, was sie zu tun gedächten, wenn sie wieder an Land kämen. Einige wollten zu ihren Familien zurück und für immer an Land bleiben; einige wollten die Seefahrtschule besuchen und ein Patent erwerben; wieder

andere wollten nur das Schiff wechseln; der Dritte wollte heiraten, wenn es stimmte, was man so hörte; und einige wenige wollten gar nichts, nur fort.
Wir saßen mit Hannes und debattierten. »Für euch Jungens ist der Weg doch klar vorgezeichnet. Ihr und die Leichtmatrosen bleibt weiterhin als Zöglinge an Bord, werdet befördert und macht zwei Jahre Segelschiffszeit voll.«
»Tja, und dann?«
»Na, ganz einfach. Ihr fahrt noch eine Weile auf Dampfern und geht dann ebenfalls auf Schule. Wie ich — ich gehe nach Stettin.«
Er wußte, was er wollte, und wir konnten uns vorstellen, wie er dasaß und büffelte. Mit dem Steuermannspatent würde er bei einer ganz großen Reederei als Vierter Offizier eintreten und eine Weile später das Kapitänspatent erwerben. Er würde sich Jahre hindurch hochdienen müssen; aber am Ende würde er doch sein Ziel erreichen und Kapitän eines Salondampfers werden. Er hatte das Zeug dazu.
»Ich mache es wie mein Vater«, äußerte sich Hans-Günther, »mein Vater war Lloydkapitän, ich will das auch mal sein.« Nichts sprach dagegen.
Der lange Hein wollte ebenfalls einmal bei einer Amerika-Linie fahren. Er liebte die großen Auftritte und bemühte sich heimlich vor dem Spiegel um den entsprechenden Ausdruck für sein markantes Gesicht. Er sah sich schon jetzt auf der Brücke, in großer Uniform.
»Mir dauert das alles ein bißchen zu lange«, wandte Erich ein, »ich möchte schneller vorwärtskommen. Mir genügt ein schöner Frachter, ich brauche keinen Musikdampfer. Auf einem kleineren Schiff fange ich als Dritter

an, vielleicht sogar als Zweiter, gehe gleich meine selbständige Brückenwache und bin dafür verantwortlich.«
»Da ist was Wahres dran, Holzkopf.«
»Aber vorher werden wir uns noch bei anderen Reedereien umsehen und den Wind um die Nase wehen lassen.«
Dicken Korl kam zu Wort. »Ich möchte bei der Orient-Linie bleiben, es ist das Nächstliegende. Hier haben wir von der Pike auf angefangen und hier haben wir die besten Chancen, den Umständen nach einmal Kapitän zu werden.«
Ich mußte dicken Korl recht geben. »Und obendrein ist die Mittelmeerfahrt eine der schönsten Fahrten überhaupt, nach dem, was man so hört.«
»Jawohl, mit dreißig Häfen in einem Monat«, dämpfte ein anderer die Begeisterung, »in jedem griechischen und vorderasiatischen Loch werden ein paar Tonnen übernommen. Morgens rein und abends wieder raus. Nachts bist du auf See, und an Schlaf ist nicht zu denken. Das ist nicht wie auf dem alten ›Greif‹, sieben Wochen lang Weizen laden. Ihr werdet euch noch umgucken.«
Der bedächtige Heino schüttelte den Kopf. »Alles schön und gut, was ihr euch vorgenommen habt. Jedem das Seine, aber für mich gibt es nur eins, nämlich ein eigenes Schiff.«
»Ein eigenes Schiff, ha-ha-ha«, lachten wir, die wir seine stille Liebe schon kannten, »wie willst du das anfangen? Da müßte dein Vater schon seinen Bauernhof verkaufen. Oder willst du dir das Schiff vom Munde absparen?«
»Ich will kein großes Schiff«, fuhr Heino beharrlich fort, »nur einen Schoner für die Nordsee und Ostsee. Ein Segelschiff meinethalben, aber ich möchte mein eigener Herr drauf sein.«

»Ach was, eigener Herr — eigener Knecht! Im übrigen schaffst du das nie, und wenn, dann wirst du ja sehen, was du davon hast.«

Jugendträume, wie sie ein jeder hat. Aber die Umstände wollten es anders, immer wollen es die Umstände anders. Nur einer machte seinen Traum wahr, und das war ausgerechnet Heino. Es war ein schier aussichtsloser Traum, aber auf einmal wurde er greifbar, und heute fährt Heino sein eigenes Küstenmotorschiff. Wenn er einmal in London ist, zieht es ihn ins Marinemuseum von Greenwich, wo unter anderem auch ein Bild des ›Greif‹ — ex ›Wiscombe Park‹ hängt, der das Schicksal so vieler Segelschiffe teilte und später abgewrackt und verschrottet wurde ...

Alle bekamen sie ihre Patente und kleidsame Uniformen. Nichtsdestoweniger, heute ist Hannes ein selbständiger Industriekaufmann. Erich wurde Fischerei-Inspektor für die Regierung von Südwestafrika. Spieß und ein anderer arbeiten für die Eisenbahn, auf Fährschiffen und in der Verwaltung. Dicken Korl kam nicht zur Orient-Linie, sondern verursachte einen aufsehenerregenden Seeunfall, indem er einen großen Frachter bei einer Pirateninsel im Indischen Ozean auf Strand setzte. Einige sind Kapitäne oder Lotsen. Und einige sind tot, wie Hans-Günther, der auf dem Friedhof in der Rue Jean Jaurès in Brest begraben wurde. Von allen Jungen führten Heino und ich zuerst ein Schiff, und doch sehe ich das Mittelmeer nur noch von der Riviera aus. Des Menschen Schicksal ist »gleich wie die Meereswoge, die vom Winde getrieben und geweht wird«.

*

Das Paradies der Segelschiffe ist heute leer, es ist ein verlorenes Paradies. Damals aber zogen wir noch mit vollem Zeug durch die Sargasso-See und die Roßbreiten, ein Gebiet veränderlicher Winde und Flauten. Die Spanier wurden auf ihren Reisen in die Neue Welt hier oft wochenlang aufgehalten. Der Wassermangel auf den überfüllten Hukern zwang sie, die Pferde über Bord zu werfen. Infolgedessen bekam dieses Gebiet, so um den dreißigsten Breitengrad herum, den Namen Roßbreiten. Das ist geschichtlich verbürgt.

Die Portugiesen sichteten als erste große Mengen von Seetang in diesem Ozean. Ihr Wort dafür ist Sargacao, daher der Name. Die Legende verband die langen Verzögerungen durch Windstillen mit dem Tang und sprach von regelrechten Wiesen, in denen sich die Schiffe verfingen. Der Erste bezeichnete das als übertriebenen Humbug.

»Es sind Braunalgen, die sich vom Meeresgrund losreißen und von der Strömung hier zusammengetragen werden. Sie halten niemanden auf, ihr seht ja, wie unser Steven die Krautstreifen zerteilt.«

»Habt ihr schon was von den Sargassobuddeln gehört?« fragte der Zimmermann, »das will ich euch mal zeigen.« Und er ging bei, das Kraut mit Leine und Haken aufzugreifen. Die gelblichbraunen Blätter und Beeren wurden mit Ozeanwasser auf Flaschen gezogen und gut verkorkt. »Das Zeugs behält seine frische Farbe und welkt nie, seht nur recht hin. Im Hafen schenkt man sie meistens einem Mädchen oder einem Wirt. Am Ende landen sie im Ascheneimer, weil niemand sie mehr haben will und niemand weiß, daß ein Stück Seemannsleben in solch einer Buddel steckt.«

Die Roßbreiten meinten es mit uns nicht schlecht. Der Alte konnte einige kleine Luftzüge ausnutzen und bekam schließlich den im Nordatlantik vorherrschenden Westwind zu fassen. ›Greif‹ nahm wieder fixe Fahrt auf und strebte immer schneller Europa entgegen. Als uns am neunzigsten Tage eine norwegische Bark begegnete, sehr weit entfernt und mit dem bloßen Auge gerade noch erkennbar, wurde der zigarettenrauchende Kapitän sehr aufgeräumt. Nach weiteren neun Tagen, in denen der ›Greif‹ in Schaum und Gischt einen langsamen Dampfer überholte — in denen wir uns von Mittag zu Mittag die jeweiligen Standorte geben ließen und freudig bewegt in eigene Karten eintrugen —, nach weiteren neun Tagen also stand das Schiff nördlich der Azoren auf der Höhe von Bordeaux. Europa begrüßte uns in Gestalt eines französischen Fischdampfers, der vor Begeisterung laut zu heulen begann.
Es war Oktober, plötzlich wurde es kühl. An Deck gab es wieder nasse Füße. Der Westwind blies, die Stengen vibrierten wie Stimmgabeln. Nachts hingen über uns Sterne, die zwei Stunden früher über Deutschland gehangen hatten. Jede Wache wurde die Uhr um einige Minuten vorgestellt und die Zeit, der wir entgegensegelten, ausgeglichen. Wir hatten schon wieder über hundert Tage auf See zugebracht. Nun, da wir Seeleute geworden waren, focht uns das wenig an. Die Zeit verrann wie der letzte Sand im Stundenglas ...
Zwei Dampfer strichen vorüber, die gelohten Segel englischer Logger schoben sich über die Kimm. Die Luft wurde feucht und schmierig. Man merkte die Nähe des Kanals. Das Wasser verlor seine Klarheit. Der tiefblaue Atlantik veränderte seine Farbe ins trübe Grün, schil-

lernd von Ölflecken, und schwemmte uns die Abfälle der Zivilisation entgegen. Man roch das Land.

*

An einem Sonntag war der Ozean zu Ende, und die englische Küste tauchte auf. Die Back, über deren Planken der Ausguck viele, viele Male hin- und hergegangen war, bevölkerte sich mit Seeleuten, die ihr entgegenstarrten — stundenlang. Hatten die einen was zu tun, kamen andere und lösten sie ab — stundenlang. Fast andächtig nahmen Dutzende Augenpaare die Einzelheiten in sich auf, Brandung, Klippen, eine Steilküste, oben drauf einen Leuchtturm. Immer sind Leuchttürme und Feuerschiffe die Vorposten menschlichen Lebens. Über allem schien eine milde Herbstsonne.

Wir waren wie berauscht: von der Luft — von Stolz, es geschafft zu haben. Der Kreis hatte sich geschlossen, eine Weltreise lag hinter uns. Sechsundzwanzigtausend Seemeilen einzig und allein unter Segel. Das sind rund achtundvierzigtausend Kilometer.

Es war schon stockfinster, als wir in die Bucht von Falmouth einliefen. Die Segel standen wie ein Scherenschnitt gegen den Himmel. Leise wie ein Geisterschiff glitt ›Greif‹ in den Schatten des hohen Landes. Einige Kommandos, Rahen knarrten, Blöcke quietschten, Tauwerk entspannte sich, dumpfe Laufschritte und das Tappen aufenternder Leute. Alles nur ein Hauch, ein Flüstern. Dann schwang das Schiff in den Nachtwind. Die Segel schlugen back. Polternd fiel der Anker und faßte Grund. Vollschiff ›Greif‹ lag still. Weit draußen, um jederzeit weiter zu können. Der Zufall hatte beide Überfahrten gleich lang werden lassen. Es war der späte Abend des hundertfünften Tages.

Wir entern auf wie die Verrückten, es kann uns nicht schnell genug gehen. Ich stehe auf der Großobermarsrah und ziehe das schwere und jetzt so schlaffe Segeltuch zu mir herauf. Im Hintergrund flimmern die Lichter von Falmouth. Neben mir arbeitet der lange Hein mit kurzen, ungeduldigen Bewegungen. Wir rollen das Segel besonders sorgfältig ein, aber als Hein es mit der Zeisingleine festschnüren will und einruckt, gibt diese plötzlich nach. Hein verliert den Halt, fällt hintenüber und verschwindet im Dunkeln. Ich bin wie vor den Kopf geschlagen, erwarte, jeden Augenblick einen gräßlichen Aufprall an Deck zu hören, und rufe angstvoll: »Hein, Hein!« Man spürt, daß alle Leute mit einemmal in der Bewegung innehalten. Aber Hein hat den Zeising um sein Handgelenk gewickelt und landet nur knapp drei Meter tiefer auf der dicken Untermarsrah. Er ruft »Hier, hier« und kommt in Sekundenschnelle wieder hoch, als wäre nichts geschehen. Glücklicherweise stehen wir in der Mitte, dicht am Mast.

Wie gesagt, wir sind alle wie berauscht. Hein ist noch zappeliger als vorher, und da passiert es wieder. Seine Hand greift ins Leere, abermals verliert er den Halt, fällt wieder ein paar Meter und — fängt sich wieder. Mir zittern die Knie. »Hau ab«, schrei ich, als er wieder hochkommt, »bist du nicht gescheit? Hau bloß ab, Mensch, den Rest machen wir schon.« Hein haut wirklich ab.

Wir sind alle nicht recht bei Trost heute. Wieder liegt eine Bauernnacht vor uns, in der wir durchschlafen werden, »daß ein Auge das andere nicht sieht«. Das Wetter ist ruhig. Morgen wird man uns vielleicht schon weiterschicken. »Was meinst du, wohin werden wir wohl gehen?« »Natürlich nach Deutschland«, versichern wir uns dann gegenseitig, »vielleicht sogar nach Stettin, damit man dort das Segelschulschiff endlich einmal zu sehen bekommt. Möglicherweise auch nach Rotterdam oder Antwerpen. Auf jeden Fall ein Stück näher nach Hause.« Einer bläst die blakende Petroleumlampe aus, dann hört man nur noch die Atemzüge der Schlafenden.

*

Nach Deutschland kamen wir nicht, auch nicht zum Kontinent, nicht einmal an Land. Eine Woche später waren wir wieder unter Segel und steuerten westwärts, nach Irland. Einen Katzensprung weit.
»Limerick heißt unser Bestimmungshafen?« grübelte Hans-Günther, »ich kann mir darunter nichts Rechtes vorstellen. Limerick kenne ich nur als Versmaß, etwa so —« Und er deklamierte:

There was a girl once at Exmouth,
she came back from a trip to the South,
said her mother: O *Nelly . . .*

»Hast du noch mehr solch dummes Zeugs auf Lager?« ließ sich Hannes vernehmen, »Limerick ist ein Hafen an der Westküste, wo Irland sozusagen am irischsten ist. Soll am Shannonfluß liegen, in der Landschaft Donegal.« »Warst du denn schon mal dort?« kam es sehr gedehnt. »Wer, ich? Aber nicht doch«, erwiderte Hannes, »das habe ich vom Dritten, und der hat es auch nur aus dem Segelhandbuch.«

Nachts erreichten wir die Dingle-Bay. Die acht Seemeilen breite Mündung des Shannon gähnte wie ein Loch in der irischen Küste.
Auf dem Achterdeck brannten sie Blaufeuer ab, Rufe nach einem Lotsen. Es sah aus wie im Theater, als sie die Signalfackeln schwangen und dabei Masten, Schiff und Segel in ein magisches Spiel von Licht und Schatten tauchten. — Aber kein Lotse kam. Wo man Vollschiff ›Greif‹ hinschickte, schien immer alles wie leer und ausgestorben. Bis der Kapitän wieder einmal das Ankerkommando hinausbullerte und wieder einmal alles zum Stillstand kam.
Traurig sind die Oktobernächte an der kahlen Kante Irlands und lang. Spät erst krähen die Hähne in Ballybunion, später noch erhebt sich die Sonne über dem Trisk Mountain. Unruhig und leicht war unser Schlaf. Der Morgen brachte Westwind, der den Nebel hinwegnahm. Den Lotsen brachte er nicht. Der Alte schnuppert in die Morgenbrise. »Wir segeln! Der Wind steht günstig, die Flut schiebt uns vor sich her, und das Revier ist meilenbreit.«
»All right«, sagte der Erste, »von mir aus. Man immer los.«
Rot glühte der Shannon. Trotzig stießen zu beiden Seiten Cap Kerry und Loop Head wie die Hörner eines Stieres in die atlantische Schwell. Schwer ging der Anker hoch, und als er endlich an die Oberfläche kam, hatte er nur noch einen Flügel. Der andere war auf dem felsigen Meeresboden abgebrochen.
»Das ist kein gutes Zeichen«, bemerkte der Alte finster, »es soll uns aber nicht abhalten. Aber denkt an meine Worte, das ist kein gutes Zeichen.«
Es war schon ein rechtes Wagnis, das große Tiefwasser-

Segelschiff den Fluß hinauf zu treiben, direkt in die offenen Arme des Landes. Unsere Augen, noch immer die Weite des Meeres gewohnt, beobachteten kritisch die Situation. Los gings, immer vorm Wind.

Es mochte nach einer Stunde gewesen sein, als uns ein kleines Ruderboot in die Quere kam. Drin saß ein Kerl mit Halstuch und steifem Hut. Er winkte heftig mit einer Flagge, schor längsseits und kam an Bord. Er sah aus, als wäre er in Seenot. Es war der Lotse.

Die Wellen murmelten, die Segel blähten sich. Weiter und weiter flußaufwärts glitt ›Greif‹ durch eine Allee von Baken und Bojen, vorbei an Wiesen, Äckern, Landhäusern und mittelalterlichen Ruinen. Küstenschiffe kamen uns entgegen, deren Besatzungen dem Veteranen des Ozeans verwundert nachstarrten. Den ganzen Tag ging es landeinwärts, bis die Ufer nähertraten, Fluß und Landschaft flach wurden und blaue Hügel am Horizont standen.

Dann deckten die Wiesennebel alles zu. Kirchtürmen gleich überragten der Vormast, der Großmast und der Kreuzmast das Land, über dem die grauen Schwaden zogen. Zum letztenmal stieg die gesamte Mannschaft in diese Masten. Getragen vom Atem des hinter ihr liegenden Meeres schwebten ihre Rufe, mit denen sie die Segel auf die Rahen wuchteten, in die Dämmerung hinaus. Mit einem traurigen Unterton, erfüllt von der kommenden Trennung und von der Ahnung des Abschieds vom Winde.

Heute ist die Luft über dem Shannon erfüllt vom Donner der Silbervögel, die im Shannon-Airport zum Sprung über den Atlantik ansetzen ...

*

»Das Schiff geht zu tief«, teilte uns der Erste mit, »wir können nicht weiter flußaufwärts und müssen einen Teil der Ladung hier leichtern. Ein Elevator wird kommen und ein paar Hundert Tonnen oder mehr absaugen.«
Der Getreideheber kam und hatte einen Leichter neben sich, der wie ein altes Segelschiff aussah: eine entmastete Bark, der man die Back und die Puup abgeschnitten hatte.
Als wir die Luken aufmachten, waren diese verquollen und in den Ritzen keimten Körner. Aber die Ladung, die war gut. So gut, wie sie nicht besser sein konnte. Messerklingen fuhren in pralle Sackbäuche. Satter, gelber Weizen trat heraus, in dem die irischen Arbeiter umherwateten. Schnaufend senkte sich der Rüssel des Elevators in die gelbe Flut und begann gierig zu saugen. Das prasselte, rauschte und schnaufte und fraß in ganz kurzer Zeit ein ganz großes Loch. Spreu und Getreidestaub flogen, und Männer schrien, die Tücher vor den Mund und Brillen vor die Augen gebunden hatten. Und derweil hob sich das Schiff Fuß um Fuß aus dem Wasser.
»Ist das nicht merkwürdig?« fragte Hein mit großen Augen. Ich verstand, was er ausdrücken wollte. Hier stießen zwei Welten aufeinander: Natur und Maschine. In monatelanger Fahrt, der Gewalt kosmischer Stürme unterworfen, war ein Segelschiff mit einer Ladung Getreide um die halbe Erde geschwommen. Seine Besatzung hatte gekämpft, entbehrt und vielleicht auch gelitten. Monatelang! Dann fuhr eine Maschine herbei und steckte ihre Nase in die Großluke, jemand drehte einen kleinen Schalter, und das, was man mit Mühe und Not herbeigeschleppt hatte, wurde in lächerlich kurzer Zeit einfach verschluckt.

Der Elevator, dieser Tausendsassa, konnte alles und noch viel mehr. Als es an der Zeit erschien, spannte er sich selbst vor das leichter gewordene Segelschiff, um mit ihm nach Limerick zu ziehen. Zum letztenmal wurde der Anker mit dem Gangspill aus dem Grunde gerissen. Die endlose Straße von Australien nach Europa lief nun aus. Es ging alles ganz schnell.

Landstraßen, Bäume, Telegraphenpfähle und — Reklame: Trinkt Tee, raucht Zigaretten, eßt Schokolade. Voraus die Silhouette einer grauen Stadt. Die Schleusentore eines Hafenbeckens öffneten sich, Wurfleinen flogen und Festmacheleinen zogen sich an Land.

Über die Hafenmauer hinweg konnten wir in die Fenster der Backsteinhäuser sehen, in richtige Stuben mit Stühlen, Bettstellen und Wasserleitung. Die Straßenlaternen warfen ihr Gaslicht auf ein feuchtblankes Pflaster, es nieselte vom Himmel, da hatte das Vollschiff ›Greif‹ im Bestimmunghafen Limerick festgemacht und die lange Reise war zu Ende.

Hundertfünfundzwanzig Tage hatten wir nur Segelschiffsplanken unter den Füßen gehabt. Wir wuschen uns nicht und wechselten nicht erst lange die Kleider. Wir ließen alles stehen und liegen und liefen unrasiert, im Gürtel das Scheidemesser des Segelschiffsmatrosen, durch die nassen Straßen. Ein jeder in eine andere Richtung, allein und für sich, dorthin, wo er von Schiff und Besatzung nichts mehr sah und sich unter Fremden verlor. Die Straßen am Hafen waren menschenleer und spärlich beleuchtet. Ich kam an einer grauen Kirche vorbei, die mit einem charakteristischen Glockenspiel die siebente Stunde schlug. An einer Ecke stand Windmill-Street zu lesen, Windmühlenstraße, und darunter etwas in gälisch.

Alle Straßenschilder waren doppelsprachig beschriftet. Nach einer Weile kam ich in ein heller erleuchtetes Viertel. Lange stand ich vor strahlenden Schaufenstern, die alle Herrlichkeiten der Erde anboten, so schien es, und das Wasser lief mir im Munde zusammen. Danach geriet ich in die O'Connell-Street. Es war die Hauptstraße, voll Lichter und Verkehr, voll Menschen, die nach Hause eilten. Mittendrin stand eine Säule mit einer männlichen Figur: O'Connell. Ich wußte damals noch nichts von ihm und hielt ihn für einen Heiligen, und ich glaube, für die Iren ist er wirklich so etwas wie ein Nationalheiliger.
Eine Kinoreklame zeigte einen Seefahrtsfilm: Master of Men. Da beguckte ich mir die Bilder eingehend, das Schiff und das Meer, und fing im stillen an zu lachen. Ich ging nachdenklich weiter und merkte plötzlich, daß alle Leute einen Bogen um mich machten. Und fühlte mich sehr allein.
Auf einmal wurde ich lärmend begrüßt. Wie aus dem Boden gestampft standen Spieß, der lange Hein und Hans-Günther da. Es war wieder wie zu Hause.
»Komm mit, Fietje«, rief Hans-Günther.
»Wo wollt ihr denn hin?«
»Nur ein Glas Bier trinken«, sagte Spieß.
Die Kneipe führte, wie viele Pubs, einen Doppelnamen und hieß ›The Fairy and Shamrock‹, die Elfe und das Kleeblatt. Sie war innen mit dunklem Holz getäfelt und ziemlich besucht. Als wir eintraten, verstummten die Gespräche. Der hemdsärmelige Wirt unterbrach seine Tätigkeit an den Kipphähnen, schob den steifen Hut ins Genick und musterte uns scharf. Ein Gast setzte sein Bier wieder auf die lange Theke zurück.

»Hallo, you funny birds, ihr ulkigen Vögel«, meinte der Wirt schließlich, »wo kommt ihr denn her?«
»Oh, wir kommen gerade von Australien.«
Das schien den Wirt jedoch nicht im geringsten zu befremden.
»Recht so, hier waren schon des öfteren Leute, die direkt von Australien kamen.« Und damit deutete er mit dem Daumen auf die Wände. Dort hingen zwischen Bildern von Boxkämpfen und Pferderennen auch ein paar Fotos von Segelschiffen.
»Letzte Woche bekam ich einen Brief von meinem Bruder in Melbourne«, mischte sich ein Gast ein, »es wird jetzt Frühling dort unten.« Ein anderer, mit nassem Schnurrbart, nickte.
»In meinen jungen Jahren war ich mal zwei Jahre in Neu-Südwales; ist ein freies Land mit viel Sonnenschein.«
»Seht ihr«, triumphierte Hein, »für die ist das ganz selbstverständlich, daß wir von dort kommen. Aber erzähl das mal zu Hause, und sie sehen dich an wie einen Verrückten. Das hier ist eben Old England. Wenn die nur einen Schritt aus der Haustüre gehen, sind sie schon im Wasser und in der weiten Welt.«
»Na, dann Prost«, sagte Spieß. Das Bier schmeckte bitter vom vielen Hopfen.
Hans-Günther wischte sich den Mund. »Hein hat schon ganz recht, bei uns ist das irgendwie anders. Mein Vater beispielsweise stammt aus dem Badenschen, er hat das Gymnasium besucht, wurde später Kapitän eines Reichspostdampfers und Reserveoffizier. Aber in seinem Heimatort gilt er als ungeratener Sohn.«
»Um darauf zurückzukommen«, fing der Wirt wieder

an, »was der vorhin sagte, stimmt aber nicht ganz. Dies ist nicht Old England, dies ist Irland, und das ist etwas ganz anderes.«

»Entschuldigen Sie«, sagte Hein, »ich meine das auch nicht wörtlich.«

»Ist schon gut«, beschwichtigte der Wirt, »das könnt ihr auch so genau nicht wissen. Was seid ihr überhaupt für Landsleute?«

»Wir sind Deutsche«, kam es wie aus einem Munde.

»Das wird immer besser«, schrie der Wirt und wandte sich an die Umstehenden, »habt ihr das gehört? Es sind Deutsche — die Deutschen sollen leben, macht etwas mehr Platz für die Deutschen. Noch ein Bier für die Deutschen.«

»Sicher, noch ein Bier für die Deutschen«, pflichteten ihm die Gäste bei, »und kommen direkt von Australien.«

Uns kam das merkwürdig vor. Was wußten wir schon von Sir Roger Casement und der deutschen Hilfe beim Osteraufstand der Iren. Und von der Home Rule. Wir tranken Bier und rauchten eine billige Zigarettenmarke, die hieß ungefähr ›Wildes Holzbein‹.

Plötzlich bekam ich einen Lachkrampf.

»Was hast du?« fragte Hans-Günther mißbilligend.

»Wildes Holzbein! Ich muß dabei an den Zweiten mit seinem komischen Seestiefel denken.«

»Ich muß an so vieles denken«, erwiderte Hans-Günther und sah mich durch die blauen Schwaden mit seinen dunklen Augen traurig an.

Unsere Wege trennen sich – Rita und die Windmill-Street – Für einen Seemann gibt es keine Hausmusik

Der kleine eiserne Ofen verbreitete eine angenehme Wärme, draußen regnete es. Die Petroleumlampen trugen neue Zylinder und brannten hell und klar. Auf dem großen Tisch in der Messe häuften sich Kleidungsstücke, wir waren am Sortieren. Würde unsere Ausrüstung eine neue Reise aushalten, und was mußte ersetzt werden?

Das Schiff war auf einmal groß und leer geworden. Die letzten Weizensäcke waren noch nicht über die Seite gehievt, da stolperten schon Pferdekarren über die Pier: schmutzige Erde, mit Schotter und Steinen vermengt. Ballast für die neue Reise, von der noch niemand etwas wußte. Die Segel hingen grau und sturmzerzaust an den Rahen. Wir hatten sie erst gar nicht abgeschlagen.

Der Auszug war ein Kapitel für sich gewesen. Aus Deutschland war der Reederei-Inspektor gekommen, hatte sich an Bord umgesehen, seinen roten Spitzbart gestrichen und dann mit dem Kapitän hinter verschlossenen Türen lange verhandelt. Es gab ja auch viel von der langen Reise zu berichten ...

Anderntags verließen uns die Vollmatrosen ohne viel Federlesens: unser Hannes, der stille Franz, Moppel das Kind, der pfiffige Sigi, der schlanke Schill und der

Älteste von ihnen, Arthur. Sie trugen ihre besten Anzüge und sahen schon nicht mehr nach Segelschiffsmatrosen aus; der angehende Steuermannsschüler guckte ihnen aus jedem Knopfloch. Die Reste ihres bisherigen Daseins hatten sie im Handumdrehen von sich gestreift, so wie sie sich in letzter Minute vieler kleiner und für sie nun überflüssiger Dinge entledigt hatten. Vor ihnen schritt der untersetzte Zweite, energisch und fidel wie immer, der Held des hölzernen Seestiefels. Dann der Dritte, mit dem wir eigentlich nie recht warm geworden waren. Vielleicht weil er wegen seiner Jugend immer um seine Autorität gefürchtet hatte. Man war zusammen rund um die Welt gesegelt und auf einer manchmal nicht ganz einfachen Reise Kamerad gewesen. Nun trennten sich unsere Wege, jedenfalls für die nächste Zeit. Sie bekamen drei Hipp-Hurras mit auf den Weg. Im Matrosenlogis hinterließen sie leere Kojen, verschossene Gardinchen und offene Spindtüren.

Den Matrosen waren die Handwerker gefolgt. Auch ihnen gaben wir das Geleit zum Bahnhof, obgleich es fast aussichtslos war, mit ihnen noch ein vernünftiges Wort zu wechseln. Der Segelmacher konnte auf einmal laufen wie ein Wiesel und drohte mit der Faust. Der schnauzbärtige Steward war nur mit Mühe davon abzubringen, die Heimfahrt in einer weißen Leinenjacke anzutreten. »Fietje, Fietje, geh nicht nach Stettin«, schrie der Meister auf Sächsisch, dann packte ihn ein mächtiger Schlucken. Der athletische Koch schnatterte wie ein Papagei. Der Zimmermann aber gab mir seine Adresse, ich müsse ihn unbedingt besuchen. Das habe ich später auch getan, und nicht nur einmal. Wir schüttelten uns kräftig die Hände. Der gute Alfred ist ein prima Kerl gewesen, trotz oder wegen Robert Blum. Sie alle sahen zuletzt schon mit leeren Blicken an uns vorbei und begriffen nicht mehr den Sinn unserer Worte. Sie befanden sich schon im Kreise ihrer Familien, und das Schiff hatte seinen Zauber für sie verloren.

Zum erstenmal waren wir uns innerhalb der vier Wände selber überlassen. Hannes war fort, und so bei Licht besehen, war er nicht mal der Schlechteste gewesen. Das mußten selbst seine geschworenen Widersacher zugeben. Hein, mit seiner Vorliebe, alles zu dramatisieren, fand wieder große Worte. »Wir müssen uns des Vertrauens würdig erweisen«, mahnte er. Indes dachten die meisten, red du man, wir werden schon wissen, was wir zu tun und zu lassen haben. Schließlich sind wir keine Neulinge mehr. Wir sind immerhin Leichtmatrosen, von denen sich ein Dampferheini eine Scheibe abschneiden kann, wie man so sagt. Mag er sich auch noch so stolz Vollmatrose nennen.

In die freigewordenen Matrosenstellen waren die Leichtmatrosen aufgerückt, deren Plätze wir nun eingenommen hatten. »Ohne daß sich für euch viel dabei ändert«, wie der Erste gleich zu dämpfen wußte. Wir bewohnten auch weiterhin unser angestammtes Deckshaus, erhielten aber immerhin ein paar Mark mehr Heuer. Ein neuer Koch traf aus Deutschland ein und ein neuer Bootsmann; ein lebendiges, eisgraues Männchen, das wir gleich ›Rumpelstilzchen‹ tauften. Darüber hinaus traf nicht mehr viel ein, ein neuer Anker noch und ein neues Boot. Das heißt, der Ausdruck neu ist nicht wörtlich aufzufassen. Ihrem Aussehen nach hatte man die Dinge auf einer Abwrackwerft aufgelesen, was an sich nicht weiter schlimm war. Ach so, und schließlich kamen noch zwei Jungen. Zwei Schiffsjungen! Von ihren Gefühlen überwältigt, blieben sie unter den schier himmelhohen Masten stehen.

»Müssen wir da ganz hinauf?«

»Natürlich müßt ihr ganz hoch rauf«, beeilten wir uns zu versichern, »jedesmal wenn ein Dampfer vorbeikommt, wird der Flaggenknopf geputzt.« O weh, diese halbvergessene Drohung war schon nicht mehr wahr. Vor fast fünfzehn Monaten hatte ich sie zum erstenmal gehört, und nun fiel sie mir wieder ein. Eigentlich war sie harmlos gewesen im Vergleich zu dem, was wir erlebt hatten. Aber nur zwei Schiffsjungen!

»Ist das denn alles, was da an Jungens kommt?« klopften wir beim Ersten auf den Busch.

»Wieso, sucht ihr etwa schon welche, die euch die schmutzigen Arbeiten abnehmen sollen?« stellte der die Gegenfrage und zuckte mit den Achseln, »ich weiß auch nicht, wie man sich das denkt.« Er hauste mit dem Kapitän alleine im geräumigen Achterschiff; denn den Doktor hatte es in seine bayerische Heimat gezogen; er wollte nicht noch einmal auf lange Reise gehen. An diese würde er zeitlebens denken. So saßen denn die beiden nun und warteten. Dem Kapitän wurde die Zeit nicht lang. Seine Frau, die herübergekommen war, verkürzte sie ihm. Man sah ihn kaum an Deck. Er dachte wohl auch, es wird schon schnell genug wieder losgehen.

*

»Also, nun mal Spaß beiseite«, verkündete der lange Hein, »ich bringe jetzt meine Wäsche an Land. Wenn's losgeht, will ich alles sauber und ordentlich haben. Wer

will, kann mitkommen.« Und damit klemmte er sich sein Bündel unter den Arm und sah sich um.
»Wir kommen mit«, beschlossen Spieß und ich.
»Ich auch, wart einen Augenblick«, bat Hans-Günther, und dieser und jener schloß sich noch an.
Der Nachtwächter hängte eben die beiden Schiffslaternen an die Bordwand, da zogen wir los. Im Munde die Pfeife aus dem Sixpence-Laden, die englische Sportmütze verwegen auf dem Ohr, neue Halbschuhe an den Füßen. Die Hände tief in den Taschen, mit hochgeschlagenem Kragen, so trotteten wir dahin. Über schlüpfrige Schleusentore hinweg, am leeren Trockendock vorüber, sagten dem Zollposten mit einem Kopfnicken »Good night« und traten durch das Hafentor auf die Straße. Wir gingen ein Endchen weiter und ein paar Stufen hinauf. Spärlich beleuchtete Ziegelmauern waren da, es roch nach Abwässern. Die Häuser linkerhand waren so niedrig wie auf dem Lande und weiß getüncht. Die Fensterläden waren geschlossen.
»Die Gegend kommt mir bekannt vor«, sagte ich, »es ist die Windmill-Street.«
»Hier muß es irgendwo sein«, erklärte Hein nach einigem Hin und Her und zählte die Häuser, »hier, bitte.«
Da hing auch ein Blechschild: Mrs. Kendricks Laundry. Die Haustür bestand, wie bei unserer Kombüse, aus einer oberen und einer unteren Hälfte. Wir traten in einen dunklen Flur, in dem es nach Seife und Plättwäsche roch, und klopften an eine Stube, die sich unverhofft öffnete. So unverhofft, daß wir einer dicken Frau und einigen lachenden Mädels fast vor die Füße fielen.
»Seid ihr von dem Segelschiff, das von Australien gekommen ist?« fragte Mistreß Kendricks, als wir unsere

Bündel abgegeben hatten, und sah uns aus guten Augen an, »das ist ja noch ein alter englischer Vollrigger.« Wir bejahten und wunderten uns über das ausgesprochene fachmännische Wort Vollrigger. Woher hatte die Alte ihr Wissen?

Sie wendete sich an die Mädchen. »Dann wollen wir mal für heute Feierabend machen, und ihr,« das galt uns, »dürft getrost noch zu einer Tasse Tee hierbleiben.« Damit stellte sie einen Kupferkessel auf das Kaminfeuer. Der Kamin war bestückt mit Heiligenfiguren, und in einer Ecke glomm ein Öllämpchen.

Der Tee sah ganz schwarz aus und wurde mit Sahne und Zucker getrunken. Die Alte zeigte uns das berühmte Buch von Henry Dana ›Two Years before the Mast‹, und die Mädels guckten uns über die Schulter und musterten uns verstohlen. Hin und wieder warf eine ein Stück Torf ins Feuer und fachte es mit einem Handblasebalg an. Allmählich stellte es sich heraus, daß Mistreß Kendricks so viel von der Seefahrt verstand wie ein alter Bootsmann.

»So ist das Leben«, verkündete sie unvermittelt, »ich habe länger auf Windjammern zugebracht als ihr jungen Burschen.«

Wir waren so verblüfft, daß wir gar keinen Einwand wagten.

»In meinen jungen Jahren war ich mit einem Kapitän verheiratet«, fuhr sie fort, und ihr aufgeschwemmtes Gesicht bekam einen träumerischen Ausdruck, »wir hatten ein eigenes Schiff, und ich begleitete Mister Kendricks auf seinen Reisen zwischen Australien und der Südsee. Das waren noch Zeiten, herrjemineh . . .«

»Und dann? Was war dann?«

»Ja und dann haben wir unser Schiff, einen Toppsegelschoner, bei einem Korallenriff verloren, wobei Mister Kendricks ertrank«, sie bekreuzigte sich, »und alles, was ich nun habe, ist diese kleine Wäscherei und meine Tochter, die mir dabei hilft.« Sie nickte einem verblühten Geschöpf zu. »Und diese jungen Dinger hier heißen Jossy O'Brien, Sally O'Kell und Bessy Gallagher.« Die jungen Dinger lächelten und nickten. Das Kaminfeuer warf auf ihre Gesichter eine zarte Röte.

Es klopfte, und ein weiteres Mädchen trat ein. Sie war noch ganz jung, sehr schlank, dunkeläugig, eine Keltin.

»Einen schönen Gruß von meinem Vater, er schaut morgen mal rein und bringt das Rohr in Ordnung.«

Mistreß Kendricks machte eine einladende Geste. »Dies ist Rita Murphy, ihr Vater ist der Klempner in der Straße. Rita lernt Verkäuferin. Komm her, Rita, und setze dich ein Weilchen hin. Die Jungens können euch nachher nach Hause bringen.«

Die alte Waschfrau lächelte und zwinkerte mit den Augen. »Sie wohnen alle knapp drei Häuser weiter.«

Rita setzte sich und ließ den ganzen Abend kein Auge von mir.

*

Von nun an fanden wir uns nahezu allabendlich bei Mistreß Kendricks ein. Während im herbstlichen Westwind der Regen nieselte, schlürften wir in familiärer Geborgenheit heißen Tee. Den Blasebalg hatte einer von uns übernommen. Mistreß Kendricks und ihre Tochter erzählten die alten Geschichten vom Helden Fingal, Fürst von Morven, und seinem blinden Sohne Ossian, dem Barden. Die Mädchen machten große Augen. Die

größten hatte Rita. Es war ganz anders als alles, was wir vorher erlebt hatten.
Auch ein Grammophon war da. Es wurde angekurbelt und schnarrte ›Die Glocken von St. Mary‹ und das nationalirische Lied ›Mein Vater stammt aus Killarny, meine Mutter ist eine aus Cork‹. Wir tanzten mit den Mädchen über die Dielen, daß auf dem Kamin die Gipsfiguren wackelten und mit ernsten Gesichtern durch Zeit und Raum starrten. Der mit Papierblumen geschmückte, fleckige Spiegel zeigte unsere erhitzten frohen Gesichter, in denen der Mädchen stand ein glücklicher Ausdruck. Die unbeschreibliche Herzlichkeit ließ alle Mängel übersehen.
»Eigentlich ist dieser Zustand nicht übel«, sinnierte dikken Korl, »so ein bißchen Faulenzen laß ich mir gefallen. Nach Hause kommen wir ja doch nicht. Der neue Ballast ist schon drin, das Deck wird abgespült, aber darüber hinaus ist kaum was getan. Rumpelstilzchen reißt sich auch kein Bein aus.«
Ein anderer lachte vielsagend. »Wir wollen den Tag nicht vor dem Abend loben. Laßt uns lieber erst einmal auf See sein, denke nur an den Segelmacher.«
»Der ist weg und kommt nicht wieder«, äußerte sich jetzt Hein, »so was kommt überhaupt nicht wieder. Aber bevor wir in See gehen, müßten wir doch eigentlich erst ins Dock, um die Muschelschicht abzukratzen und einiges andere mehr, nicht wahr?«
»Vielleicht ist kein Geld dafür da«, gab Klint zu bedenken, »die Unkosten haben wohl alle Einkünfte aufgezehrt.«
»Ja, und dann das verbrauchte Material, die großen Lappen, die weggeflogen sind.«

Dicken Korl zuckte die Achsel. »Über all das werde ich mir nicht den Kopf zerbrechen. Eine Compagnie mit so viel Dampfern wird das ja wohl noch aufbringen.«
»Hoffentlich!« Hans-Günther beendete das Thema, indem er das aussprach, was alle dachten, »sonst liegen wir Weihnachten noch hier und tun nichts, immerhin schreiben wir schon Ende November.«
»Na und —? Wäre das wirklich so schlimm, Weihnachten noch hier, Hans-Günther, sag mal ehrlich«, wandte dicken Korl noch ein.
Er antwortete nicht.
Dann saßen wir in bunter Reihe auf den Treppenstufen, hatten uns eingehakt, sangen und spielten Mundharmonika, während zu unseren Füßen die Lichter des Shannon im Dunst verschwammen.

*

»Am Sonntag geh ich zur Kirche«, sagte Hans-Günther eines Abends. Er sagte es ganz beiläufig, wie selbstverständlich. Er war ein guter Katholik.
»Zur Kirche«, wiederholte ich zögernd, »nun ja —«
»Ach, stell dich doch nicht so an«, schnitt er mir das Wort ab, »komm lieber mit, Fietje, es wird dir nicht schaden, Hand aufs Herz.«
Hand aufs Herz! Bald würden wir wieder auf See sein. Wenn man recht bedachte, was alles vor einem lag. Er sah mich an.
»Also dann am Sonntag, abgemacht?«
»Abgemacht.«
Doch dazu kam es nicht mehr; denn am Sonntag betrat ich schon deutschen Boden. Das ›Greif‹-Abenteuer war von einem Tag zum andern zu Ende. Und das nächste

Lebenszeichen, das ich von Hans-Günther erhielt, war ein langer Brief aus Yokohama, Jahre danach.

Der Donnerstag begann mit der grauen Harmonie eines tristen, nebeligen Novembermorgens. Als wir bei Arbeitsbeginn fröstelnd an Deck traten, erwartete uns schon der Erste. Das war ungewöhnlich. Ohne lange Vorrede winkte er uns alle unter die Back, stieg auf eine Balje und zog ein Stück Papier aus der Tasche. Er war sehr ernst, und schon die ersten Worte erklärten warum. »Leute«, fing er an, räusperte sich, ließ seinen Blick von einem zum andern wandern und begann von neuem. »Leute, ich habe den Auftrag, euch mitzuteilen, daß das Vollschiff ›Greif‹ verkauft wurde und ab heute in das Eigentum der Reederei Vinnen Gebrüder, Hamburg, übergeht. Der neue Reeder beabsichtigt nicht, den Segler weiterhin als Schulschiff laufen zu lassen. Die Besatzung wird deshalb auf neunundzwanzig Mann verringert. Ich wiederhole, neunundzwanzig Mann.«

Hier wurden Zwischenrufe laut, die der Erste mit einer Handbewegung wegwischte.

»Ein Teil von euch wird abgemustert und verläßt noch heute das Schiff. Die Namen der Betroffenen verlese ich am Schluß, wir haben sie ausgelost, und es ist uns sehr schwergefallen. Die Aufgerufenen werden auf Kosten des bisherigen Eigentümers nach Haus geschickt. Sie nehmen noch heute nachmittag den Zug nach Dublin. Dort haben sie Anschluß an den Nachtdampfer und sind morgen früh in Liverpool. In Liverpool empfängt sie der Agent der Deutschen Orientlinie und sorgt für die Weiterfahrt. Sie fahren mit der Bahn nach Doncaster und steigen dort um nach Hull. Von Hull bringt sie ein Dampfer nach Bremen.«

Er verlas dann die einzelnen Namen. Ich war darunter, der lange Hein, dicken Korl, Holzkopf, Seppel und andere. Hans-Günther war nicht dabei. Er blieb an Bord. »Lebt wohl und grüßt die Heimat«, schloß der Erste und stelzte ungewohnt steif davon. Ihn mußte es von allen am härtesten getroffen haben; denn es hatte sich herumgesprochen, daß der Kapitän auf einen Orientdampfer versetzt werden und er selbst den ›Greif‹ nächste Reise als Kapitän führen sollte. Mit dem Verkauf des Schiffes war alles hinfällig geworden.
»Lebt wohl und grüßt die Heimat.« Verblüfft ist gar kein Ausdruck, überwältigt ließ uns die Hiobsbotschaft zurück. Es war, als hätte mich einer vor den Kopf geschlagen, und mir fiel die Bemerkung des Kapitäns ein, als wir den zerbrochenen Anker hochholten. Das ist kein gutes Zeichen, denkt an meine Worte ...
Wenn wir heute noch wegsollten, mußten wir uns sputen. So machten wir uns ans Packen, von unsern Empfindungen hin- und hergerissen. Was hatten wir uns nicht alles in langen, kalten Mittelwachen am Ende der Welt ausgemalt! Und nun, von einem Tag zum andern! Unter den bedrückten Blicken der Zurückbleibenden warfen wir die wenigen Habseligkeiten achtlos in den Zeugsack und verschenkten Kleinigkeiten, wie es andere vor uns getan hatten. Man reist am besten mit leichtem Gepäck.
Aus der Tiefe des Spindes kam meine Geige ans Tageslicht. Ich klopfte ihre Nähte ab, sie war aufgeleimt und klapperte an allen Rundungen. Und auf einmal begriff ich, was ich schon die ganze Reise dunkel geahnt hatte: daß für mich die Zeit, Geige zu spielen, endgültig vorbei war. Für einen Seemann gibt es keine Hausmusik.

Die Geige schenkte ich dem rothaarigen Kochsmaaten. Er wollte sie schon immer gerne haben.
»Mensch —«, sagte er nur, »Mensch —«, und die Stimme verließ ihn.
Zuletzt räumte ich meine Koje aus, kratzte die Bilder von den Wänden, drehte den Strohsack um. Meine Koje, sie war der einzige Platz an Bord gewesen, der mir alleine gehört hatte. An der Wand waren noch meine Fingerabdrücke, und dunkle Stellen am Fußende erinnerten daran, daß ich mich in den Stürmen dagegengestemmt hatte. Auf allen Ozeanen der Welt hatte ich in ihr geschlafen wie in einer Wiege. Weiß Gott, sie war mir buchstäblich ans Herz gewachsen ...
Im Salon gab es die Seefahrtsbücher zurück. Im Salon mit seiner schönen Täfelung und dem gewölbten Oberlicht, unter dem der Kapitän saß: gut aussehend, breit und stattlich. Sein großes glattes Gesicht versuchte zu lächeln, aber es wurde nichts Rechtes daraus. Neben ihm saßen der Erste und ein Beamter der Fremdenpolizei. Der Vermerk im Seefahrtsbuch und der Stempel waren noch feucht.
»Inhaber hat auf dem Segelschiffe ›Greif‹ — Unterscheidungssignal JBDV — während der Reise von Bremerhaven nach Port Lincoln und zurück nach Limerick als Schiffsjunge und Leichtmatrose insgesamt 15 Monate und 19 Tage gedient.
Permitted to leave Limerick at earliest opportunity. Signed by Immigration officer.«
Es ist ihm gestattet, Limerick mit frühester Gelegenheit zu verlassen. Mit frühester Gelegenheit. Macht schnell, bitte! Lebt wohl, ihr müßt den Zug noch erreichen. — Der Nächste!

Wieder draußen an Deck. Händeschütteln, ein Schlag auf die Schulter. »Mach's gut, H. G. M.!«
»Mach's besser, Fietje, einmal sehen wir uns wieder. Grüße meine Eltern schön, sie erwarten dich, ich habe ihnen geschrieben.«
Das war das Ende.
Ein Fuhrwerk karrte das Gepäck zum Bahnhof. Wir folgten.

*

Gerüchte verbreiten sich schnell am Hafen. Unterwegs erwarteten mich Rita und ihre Mutter. Rita war ganz verheult. Frau Murphy war hochgeschlossen bis zum Hals und trug einen gewaltigen Hut, der ihr schief auf dem Kopfe saß, was sehr komisch aussah. Nur mir war gar nicht komisch zumute. Sie drückten mir etwas in die Hand: Ansichtskarten, ein Taschenalbum mit Schnappschüssen, ein duftendes Tüchlein, eine Tabakspfeife. Und ein Foto von Rita und ihrer pummeligen Freundin, eng umschlungen wie die siamesischen Zwillinge, daß man sie nicht einmal auf dem Foto würde trennen können.
Rita schluchzte, und ich drehte meine Mütze in den Händen: ein junger Seemann, der gerade siebzehn Jahre alt geworden war und der von einer Weltumsegelung nicht viel mehr mitgebracht hatte als seinen alten, zerknautschten Anzug, einen wollenen Schal und darüber einen Ölmantel. Aber sie mochten mich so, wie ich war, und ich mochte sie. Und das ist das Beste, was man sagen kann.
Dann redete Frau Murphy. Ich verstand nur die Hälfte; denn sie sprach einen keltischen Dialekt und sehr ha-

stig, und ich starrte und starrte nur auf die Spitzen meiner Schuhe und brachte kein Wort heraus. Und dann war ich allein.

Die Straße führte aufwärts. Oben blieb ich stehen und blickte noch einmal zurück. In einer Häuserlücke lag unten das Vollschiff ›Greif‹. Ich glaubte alle Einzelheiten zu erkennen. Ich sah die geflickte Bramrah und sah, daß die Stenge des Vormastes sehr schief stand. Die Rahen hingen verquer, die Brassen mußten steifgeholt werden. Die Haifischflosse am Klüverbaum war schon halb abgerissen. Ich sah das Rettungsboot, die Schiffsglocke, die Beulen in der Verschanzung und den Oberkörper einer Gestalt, die langsam über Deck wanderte.

Ich hatte das alles schon tausendmal gesehen, aber erst heute sah ich es richtig. Und dann sah ich nichts mehr, weil mir alles vor den Augen verschwamm. Da ging ich schnell um die Ecke.